憲法之基本原理

許慶雄 著

前　言

　　現代國家成立之目的與存在之功能，最重要的是保障每一位國民的生命、自由、財產及追求幸福的生活，也就是保障國民的基本人權。國民的基本人權都規定於憲法中，因此研究憲法才能了解自己的權利有那些，涵蓋什麼範圍。換言之，研究憲法等於是研究人權，學術領域並沒有人權學，憲法學就是在探討人權的內容、如何保障人權及人權的相關事項。憲法學者就是研究人權的學者，憲法的課程就是人權課程，憲法學者不懂人權就不是憲法學者，研究憲法而不懂人權就不能說是理解憲法。

　　做為進入 21 世紀的現代人或現代國家的國民，都必須對憲法有基本了解，對自己享有那些權利（Right）有基本的認識，否則就無法真正理解人生的價值，也無法感受到自己做為人的權利被侵害，或主張自己的權利。因此研究憲法就是自己保護自己權利最重要的防線。

　　其次，憲法也是規定國家政府組織的基本法，國家權力如何經由權力分立的相互制衡，達到確保人權的功能，每一位現

代國民也應該有基本的理解。如此才能監督政府成為保障人權的後盾，使其發揮功能有效運作保障人權。

最後，現代民主法治國家，國民是主權者。因此任何國民都有責任學習憲法，準備成為國家的主宰者。先進國家從小學、初高中、大學，都不斷的培養未來的國民具備憲法知識，如此才能在國民主權原理之下，積極、主動的掌握及運作國家權力。所以研究憲法也成為現代國民的必備條件。

大多數國家都有一部憲法典，規定一些憲法條文，這些憲法條文只是憲法研究的一部分而非全部。更重要的是憲法條文必須實際運作，產生各種效果，才有研究價值。因此憲法研究是針對「憲法現象」做全面性、體系性的研究，而不只是研究既有的條文。

憲法研究也必須包括：憲法制定之前如何形成「憲法制定權力」制定憲法，憲法條文如何解釋，憲法內容如何隨著時代的變化而修改變遷，憲法如何解釋才能與現實生活狀態結合，憲法爭議如何判斷的憲法判例研究等，這些都是憲法研究的範圍。

同時，立憲主義的先進各國，其憲法學理都有共通之處及值得參考的部分。因此比較憲法之研究也是不可缺的部分，如此才能使一個國家的憲法體制不斷的改革發展，更有效的保障人權。

忝為憲法學者，在教學之餘曾出版各式樣憲法概論教學用書，內容以人權為主，並及於政府體制及其運作之理論。主要是希望能提供一般研究、學習憲法的同學，能對憲法學理有體系性的基礎理解。然而，針對憲法基本理論深入分析的系列性論述，提供法政科系同學深入研究之教材仍然不足。基於此，乃結合實際教學的經驗及長期從事憲法基礎理論研究的心得撰寫本書。本書主要是提供法政科系同學，進一步研究憲法基本理論參考之用，是否能達到深入淺出的研習效果，尚請各界指正。本書承蒙秀威資訊科技股份有限公司鄭伊庭女士及編輯同仁之協助，才能順利出版，在此深致謝意。

本書為「憲法與人權之基本理論」系列之第一部。第一部要介紹一些極為有用且必要的「法」與憲法之基本概念，每一位生活在二一世紀文明的現代人，都應該了解的法的本質概念，再由此去認識與個人生活，社會運作息息相關的憲法，到底有何奧秘之處。

其次，對於國內報章媒體習於錯誤援引的憲法概念，文中亦一一加以釐清解說，例如「法治概念」、「憲法」的意義以及憲法本質等，皆是生活在臺灣社會的民眾耳熟能詳，卻未必具有同等正確認知的概念，本書以實例深入淺出的說明，期待使讀者能夠容易的理解憲法原理。本書〈憲法制定權力〉一文，讀者們或許感到陌生，但是身為國家主權者的國民，卻是不能不知。讀完第一部，相信對於一向被認為是艱澀並且難以親近

的憲法，必能獲得初步的了解與認識，如此將可進入第二部之後，更為深入奧秘的憲法與人權的世界。

最近有關心臺灣前途學者成立臺灣憲法學會，基於「國民是憲法制定權力者」的理念，致力於推動憲法研究及制定新憲法運動，謹以此書獻給臺灣憲法學會。

目次

CHAPTER 1

論「法」的本質與法治主義

什麼是「法」？[1]人類社會中為什麼會有「法」的存在？
相信這個問題存在於社會群體中的每一個人。事實上，回答這
個問題並不困難。因為，人並非孤獨存在，更不可能離群索居，
過著完全與世隔絕的生活。只要有兩個人以上的存在，彼此間
必然會產生某些關係；為了使這些關係能夠維持平和穩定，必
須對個人種種行為加以規制，以形成「社會秩序」，使的每個
人能夠在遵守規範的同時，享受因「社會秩序」的正常運作進
一步對自身利益有所保障。因此，**社會規範的重要性**在於對
任何由個人組織成的社會而言，維持穩定且持續有效運作的
「社會秩序」，乃是其主要基礎。甚至可以這麼說，一個沒有
秩序，或者「社會秩序」無法持續有效運作的社會，不僅會使
個人生活權益受損，並且會讓人與人之間所建構的複雜關係崩
潰、瓦解；必須等到一個足以保障個人權益，維持複雜人際關
係，平和穩定的新「社會秩序」再度出現，社會才能重新回歸
安定的狀態。因此，自有人類社會以來，「社會秩序」（或稱
「規範」）一直都是維持一個社會存續的根本要素，也是每個
組成分子生活上所應遵循的依據。而「法」是規範內容之一，
同時也是構成「社會秩序」最重要的核心。雖然在人類社會的
演變過程中，自然現象（自然法則）、倫理、道德、宗教、習

---

[1]　最廣義的法表示維持社會秩序的行為規範之一，用以區別宗教、道德與
　　習慣；而廣義的法律包含判例、習慣法等不成文之法，狹義的法律單指
　　經由立法手續制定公布的成文法。本文的「法」指最廣義的法。

慣等也都是個人行為的重要規範與準則，並且對「社會秩序」的維持，發揮相當程度的作用。但是，其有效性終究遠不及「法」所能提供的功效。為什麼同樣是行為規範，「法」卻比其他如道德、宗教等居於更重要的地位，且往往發揮更大的影響力呢？這是因為「法」具有下述的各種特質。

一、「法」的本質

（一）法是規範，是一種個人行為的基準

此點和自然現象（自然法則）有所區別。「日出於東而落於西」是自然界的一個運行法則，不必加以規範，千萬年來始終如此循環不已，即使想藉人力加以扭轉，或是使其受人類抑制左右，亦不可能。此種自然界的運作規律，稱為「必然的法則」。人類社會中的「法」，則不是此種「必然的法則」，而是藉由人類生活經驗的累積，歸納出建立規範所要護衛的社會價值為何：從而建構出一套縝密細緻的規範體系，以支配個人行為，實現一定的目的，故稱之為「應然的法則」。此種「應然

的法則」不同於前面自然界中「必然的法則」，因為法規範要求建立「應當」如此的社會秩序，事實上卻不一定會得到建立如此社會秩序的目的。因此「法」的規範性格中已隱含了可能會被破壞的前提，例如法律規定不可殺人，但殺人的事件仍舊層出不窮。雖然「法」的規範性時常遭到侵害違反，但宗教、道德、習慣等規範，亦莫不如此，因此，必須以「法」的其他特質來做進一步區分。

（二）法是社會規範

前面提及，人必須共同生活，不能離群索居，但人有「利己本性」，必須依靠「規範」運作，社會生活秩序才得以繼續維持。因此「法」就是維持社會生活秩序，所形成的「最低限度的規範」。

法規範個人行為，既是以維持社會共同生活秩序為主要目的，則法規範的對象以個人行為對社會生活有影響為限，對於純粹個人「私生活」的事項，法並不規範。因此，「法」有時候與宗教、道德雖有所重疊，例如「法」與道德、宗教均要求父母應撫養未成年子女。但某些屬宗教或道德要求個人應做到，而與社會共同生活秩序無關的事項，例如，不能有邪念、

淫慾等內心想像，定期禱告或是烈女不事二夫、仁義等傳統觀念，都不在法律所規範的範圍之內。反之有些事項，例如，古代劫富濟貧被後人傳誦不已的俠義行為，雖然符合道義要求，卻因為其違反社會秩序，反而成為「法」所規範限制的對象。因此「法」所規範的，一般只是最低限度的道德，其目的在調和個人生活與群體生存之間的秩序，而不在於提升個人的品格。法是最低限度的道德，只是一般的形容。「法」所規範的，多數與道德無關（例如營業資本額），甚至於違反道德，例如允許賭博的國家制定「競馬法」、「賭場設置法」等。

（三）法是「行為」的規範

法以個人「行為」為規範對象，因此如果純屬個人內心的思想意念，尚未表現於外部而成為具體行為，便不能成為「法」所規範禁止的對象。所謂「思想不罰」的道理便在於此。但宗教與道德，不僅規範人的外部行為，內心想法亦是其所欲規範的對象，例如：見義勇為、君子遇到情色亦須誠心正意（道德），或基督教義所說：「要愛你的敵人」均是。然而「法」規範有時候亦可能涉及個人內心的想法，例如除了追究違法的個人行為外，尚追究其是否出於故意、預謀，以做為不同處罰或決定

的依據。但即使如此，僅是單純個人內部的思想意念（未表露於外），仍舊不成為「法」所規範的對象；法所以另行追究個人內部的想法，仍是以處理個人行為違反「法」規範作前提，必須有行為出現，才有必要追究證據證明屬於事先預謀。

（四）法是「強制性」規範

　　法的存在是為了維持「社會秩序」的正常運作，以保障個人生活的安定及群體生活的持續。因此「法」和其他宗教道德最大的相異處即在於，「法」是「他律性」規範，個人若不遵守，即須接受處罰。藉著此種處罰手段，以強制每個人（不論贊同與否）皆須服從、遵守。而宗教、道德則是自律性規範，即使違反教義或者道德標準，也僅是良心感到不安，或受社會輿論的譴責而已。因此，宗教與道德對於個人行為，雖亦能發揮某種程度的約束作用，但其效果卻遠不及「法」。其原因在於「法」具有強制性與他律性，而宗教與道德並沒有。

（五）法規範有效的原因

即令如此，「法」規範的制定，並不能因而浮濫或毫無限制；仍舊必須和每個人道德意識感情相吻合。且「法」的規範性是雙向的，亦即有權利就有義務，反之亦然。而道德與宗教僅是向個人行為做單向的要求，個人無法要求獲得任何益處以作回饋。這就是「法」能夠成為維持「社會秩序」，最有效規範的原因之一。

二、法治主義之概念

臺灣最為人所熟知的法律用語當數「法治」一詞，因為在電視報導或是報紙上，處處可見政府機關首長強調「法治」的決心，並且將所謂「公權力的伸張」視之為「法治」的具體實現，然而究竟「法治」的內容即是「公權力的伸張」，或是另有其特殊內涵及意義，便是以下所欲說明者。

所謂「法治主義」，其意義並非字面上的「依法而統治」如此簡單。如果由其歷史發展過程來說明，或許更能真正地理

解其內涵。自從有國家以後，人類所架構的統治形態約略可區分為三類：

（一）「人治」

人治是由個人或少數人，依其喜好來決定國家政治之運作。結果使法制定、執行、判斷合而為一，完全憑個人意願，故「朝令夕改」、「令出必行」也就不足為奇。在人治之下，如果運氣好適逢仁君、英明領袖主政，人民尚能在感謝德政之餘，過著安定生活。若是遇著專制不仁的獨裁者，就僅能眼睜睜的看著國家社會步向淒慘之境，卻無能為力。

（二）「法制」

一般又稱為「法律」國家，雖然由政府制定各種法律，行政機關因為有客觀的法律規範存在，得以依法公平、公正、嚴格執行。同時司法機關也依照法律獨立審判，不受外力干擾，維持判決的公正、公平性。然而，法律國家的主要問題是，其

立法機關有時候並非由國民定期選舉之民意代表所組成，或是不受民意的監督與制衡，因此其立法內容自然無法正確地反映民意及國民需要。在此情況下，如能有賢明的立法者，客觀地制定真正維護全民福祉的法律規範，則國民權益尚能獲得保障；反之，若由完全蔑視民意的立法者制定法律，則法律內容存有不正當、違反憲法時，即使公平、公正的執行與審判，在惡法亦法之運作下，國民的權益就完全失去保障。此時法律成為統治者的工具，使其方便於有效統治，絕非保障全民福祉的社會規範。

（三）「法治主義」

「法治主義」又稱「法的支配原則」。實行法治的國家，基本上必然存在著依照立憲主義原理所制定的憲法，明確宣示國民主權、保障基本人權及規定權力分立制度。依此憲法規定，法律是由定期選舉所產生之代表組成立法機關制定，再交由行政機關公平、公正地執行，若有爭議則由獨立的司法機關依法做成公平、公正的審判。更重要的是，法治主義之下，立法機關雖然是民意代表，但並非「國會萬能」。立法機關並非多數決贊成即可制定任何法律，立法機關除受民意監督，須依

國民意願制定保障國民福祉的法律外，更受憲法拘束，[2]不得制定侵犯基本人權之法律，否則無法生效與實施。

因此要達到實質的法治主義，首先便必須確立憲法的最高性原則，即對行政、立法、司法等等國家權力的運作具有拘束的力量。亦即除了藉由國民定期改選民意代表，以監督立法機關之外，立法機關所制定的法律，不論是在立法過程（提案、討論、表決）或是其內容都必須符合憲法規範，並由獨立、客觀、公正的司法機關加以判斷，同時以違憲審查來判定違憲法律的無效，使國民的基本人權不致受到侵害。

法治國家能否建立有許多先決條件，然而其中最重要因素是主權者國民的態度。如果一再教育國民效忠政府、信任領導者，使國民自願當「順民」，對於權威與惡法逆來順受，對於立法機關所制定的任何法律漠不關心，理所當然服從接受，則法治之建立即遙遙無期。反之、國民若能時時有所警覺，積極形成隨時與惡法及威權抵抗的決心，不願讓下一代的子孫繼續生活在不公平、不正義的社會中，則「法治」國家才有可能實現。美國第三任總統傑佛遜曾說過一句話，最能表達此意思，「自由與民主之政府，不是基於國民之信賴而建立，反而是經由國民不斷地猜疑與警戒才能建立」，一語道破

---

[2] 所謂受憲法拘束，除理論上確立憲法是國家最高實體法秩序外，更必須在制度設計上導入「違憲審查制」用以判定立法機關所制定法律在立法過程以及內容上都遵守正當法定程序（due process of law）要求，否則違憲無效。

民主法治國家的真諦。兩百多年以前美國開國元勳的真知灼見，對於今日的臺灣社會依然適用。先進國家也都是在國民不斷地監督政府，積極反對不當法案及政策下，逐漸形成民主法治國家。

三、臺灣法治的現實狀況

所以，若依上述三種定義來探討，臺灣是屬於哪一類統治方式應該是極為清楚。首先就臺灣是否為「法治國家」來做一番檢視，在立法院內的老委員尚未退職之前，因其長期未改選，其合法性已頗受質疑，更不用說以民意之所趨來立法；而在老委員退職之後，新科的立委所制定的法律與其認為是保障全體國民福祉，不如認為是在為少數的特權階級與利益團體而努力。因此就立法院多年來所制定的法律，不論就其程序上的正當性或內容上的適法性（違憲與否）來看，都有問題。更何況大法官會議多半只配合政策做「憲法解釋」，鮮少針對法律違憲無效發揮其功能，因此無法使侵害人權的法律停止其適用，只有任由其繼續侵害人權。

然而，若臺灣是屬「法律國家」，原則上立法權可不必顧慮其正當性與適法性，亦即立法院是否基於民意立法，其內容上是否符合憲法都可不受拘束。但即令如此，「法律國家」仍要求行政機關在執行時須依法行政，司法機關在審判時必須依法公平、公正審判。然而臺灣的行政機關在執行時卻往往受到特權與壓力團體的介入而使依法行政受阻，或是積非成是使法律成為具文，根本不能依法行政。至於司法機關雖然有客觀存在的法律，以作為審判的依據，但是法官引用古典、古代制度判決，依據道德、意識、感情論理，更有法官長期受政治力介入，習慣於就條文字面做自由心證的結果，使得判決完全違背社會一般大眾的通念，或是公平正義的原則與理想，國民對司法的不信任與冷漠當是其來有自。

　　由以上分析可明瞭，臺灣並不符合「法治」及「法制」兩種國家型態，最後僅剩「人治」國家可供歸類。過去政府的組織型態經常因人而異，時而總統制，時而內閣制，端視在位者是誰來做彈性解釋。同時更有行政首長曾公開表示「朝令有錯，夕改何妨」的人治原則，完全無視於「法治」的存在。須知法律的制定要經過提案、討論、表決等法定程序通過方可適用，如此複雜的過程要消耗多少時間與精神才能使法律盡可能周延縝密，怎可容許法律朝令夕改？「法治」國家的理念，本質在於避免因個人之好惡或判斷力有所偏差，而產生「朝令夕改」的亂象，使得國民無所適從。如今臺灣的政府官員一方面

以身作則的大力落實人治，另一方面卻又極力宣揚「法治國家」、「依法而治」等口號式理念，實為一大諷刺。臺灣人民唯有覺醒建立新體制，法治國家始有可能實現。

CHAPTER 2

憲法之意義與特質

憲法之意義

　　大多數國家都有一部憲法典，規定一些憲法條文，這些憲法條文只是憲法研究的一部分而非全部。更重要的是憲法條文必須解釋、實際運作、產生各種效果，才有存在價值。因此研究憲法必須先理解憲法之意義何在。

（一）有「憲法」的國家不一定有「憲法」

　　「憲法」這一個名詞經常被廣泛使用，但憲法具備有多重意義的本質，卻很少被充分理解。同時，憲法與國家是密不可分的一整體。「主權國家」的最高法規範，才可稱之為憲法。因此沒有主權不是國家的任何國、州、縣、市，或一些政治實體，既使用「憲法」為名稱制定一部法典，也不是憲法。以下，我們用「**有憲法的國家不一定有憲法**」這一句話來分析「憲法」在不同的情況或位置下，所顯示出的各種意義。

　　第一，「有憲法的國家不一定有憲法」這一句話，可以用來說明「憲法典」與「憲法」是不同意義。眾所周知，英國被各國的憲法學者認定為憲法的母國，立憲主義各國的憲法制度

或多或少都會模仿英國的憲法體制。然而，英國從來沒有制定過一部白紙黑字的憲法典，沒有任何憲法條文存在。[1]英國的憲法是由一二一五年的大憲章（Magna Carta）、一六二八年的權利請願書（Petition of Right）、一六八九年的權利章典（Bill of Right）等法案，以及之後各種法案、憲法判例、憲法慣習所構成。所以英國是有憲法在運作的國家，但是並沒有也不需要一部憲法典。由此可知，一個國家是否有憲法秩序在運作，與有沒有一部憲法典並無必然的關聯性。憲法典只是一國憲法秩序的一部分或重要部分，但是沒有憲法典，國家仍然可以依照各種憲法秩序運作，基本上不受影響。反之，如果所擁抱的所謂法統憲法已喪失其正當性、合法性基礎，反而是沒有憲法的國家。所以我們可以說，英國是有憲法秩序運作的國家，但是英國並沒有一部憲法典。如此，「有憲法的國家不一定有憲法」，就可以說的通而不至於有矛盾。由此可知，被形容為憲法母國的英國，實際上並未制定過一部憲法典，但是絕不可能被認定為是「沒有」憲法秩序運作的國家。

第二，「有憲法的國家不一定有憲法」，這一句話也可以用來說明，憲法的內容必須具備現代立憲主義的基本原理，否則就不配稱之為憲法。現代立憲主義要求憲法必須以國民主權、權力分立為基礎，以追求保障人權為目的，才具備合法性、正

---

[1] 世界上與英國同樣沒有一部憲法典的國家並不多，沙烏地阿拉伯、安曼、以色列、利比亞、聖馬利諾、布丹、紐西蘭、梵蒂岡。

當性。世界上仍有不少國家，其憲法內容規定主權屬於君主，或屬於農工階級，或屬於無產階級政黨；其內容規定政府體制採用權力集中型或民主集中制；其內容並未明確保障人權，或規定人權只有在統治者施恩同意之下才能享有。這些國家的憲法，其目的只是為維護統治者的權力，其內容只是為實行專制獨裁而制定。因此，我們稱之為，雖然有一部憲法，但只是成為專制統制的工具，並不能保障國民的基本人權，所以可以認定這個國家並不是有憲法秩序運作的國家。二百多年前，法國大革命之後的人權宣言就指出，一個國家既使有憲法體制，但是如果不能實施權力分立，無法確保人權，就是一個沒有憲法的國家。[2]由此可知，國家雖然有一部憲法，但是其內容若不符合立憲主義的國民主權與權力分立等基本原理，並未以保障人權為目的，仍然不是一個有憲法的國家。

第三，「有憲法的國家不一定有憲法」這一句話也可以用來說明，憲法最重要的是實施，並具體產生作用及效果。憲法並非擺設提供觀覽的古董或被供奉膜拜的神祇、法統。憲法最重要的是實施，使其效力真正能保障基本人權、落實民主法治的權力制衡體制。憲法的內容規定得如何理想，人權保障的條項再怎麼完善，如果不能實施運作，結果還是一個沒有憲法的國家。何況，一般法律規範被破壞時，可以由國家權力對違法

---

[2]　1789 年 8 月 26 日法國「人權宣言」第十六條：「凡是不能確實保障人權、未規定權力分立的社會，就不能說是有憲法」。

者制裁，即可維護法律秩序。然而，憲法是規範國家機關相互之間權力運作的法，也是規範國家機關不可侵犯國民權利的法，如何保障憲法依據其內容實際運作，不受掌控國家權力者惡用，雖然是極為困難的工作，卻必定要達成，否則空有一部憲法，也是沒有憲法的國家。因此，國家即使有一部憲法，其內容即使規定的很理想，然而卻束之高閣，根本未實施或產生保障人權的實際效果及作用，仍然是沒有憲法的國家。過去臺灣在戒嚴時期，國民黨政權制定「動員戡亂時期臨時條款」，凍結「中華民國憲法」，卻仍然在慶祝行憲紀念日，就是一個活生生的實例。由此可知，憲法貴在實施及產生具體保障人權的作用，如果只是有名無實，即使其內容再理想完美，也是沒有憲法的國家。

（二）「傳統意義之憲法」與「立憲意義之憲法」

傳統（固有）意義之憲法是指，國家實行統治的組織型態及體制，國家權力運作的基本規範。因此，其意義不一定有現代的憲法學觀念或原理。人類的歷史上有國家這一統治組織出現，就必然有權力作用的基本體制，傳統意義就稱此為「憲法」（國家權力作用的基本法制度）。因此，傳統古老的國家

（相對於現代國家），例如古代羅馬帝國、希臘城邦國、蒙古大帝國等，都有它的權力運作型態與基本統治架構存在，這就是「傳統意義的憲法」（國家的根本法）。

立憲（現代）意義之憲法（Constitutionalism）是指，以現代立憲主義理論為基礎所架構而成的國家統治制度，及明確規定保障人權的基本規範。因此，其內容必然包括國民主權、權力分立、法治主義、保障人權等立憲主義基本原理。由歷史演變亦可說明，現代立憲意義之憲法仍是為了排除傳統國家權力被濫用及壓制人權，確保個人的生命、自由、財產及幸福，所發展形成的憲法原理。故立憲意義之憲法與傳統意義之憲法，是兩個極端相對的意義。

（三）「形式意義之憲法」與「實質意義之憲法」

「形式意義之憲法」是指，將有關國家的基本規範、人權保障等，以條文形式集成一部名稱為「憲法」之具體、形式化法典。英國就是沒有形式意義之憲法的國家，雖然英國有大憲章、權利請願書、王位繼承法、國會法等與憲法秩序有關的「成文法」，但是並未將其集成一部法典，以憲法稱之，其制定、執行、審查也與一般法無區別，故被歸類為沒有形式意義

之憲法的「不成典憲法國」。更嚴密的說，形式意義之憲法是指，有一部以憲法或基本法為標題的法典，其制定、執行、審查都與其他法律不同位階，其內容涵蓋國家統治結構、基本人權保障等。

「實質意義之憲法」是指，有關人權保障及國家基本法秩序、政府組織之全面性、廣泛性規範與作用效力。依此定義，則有國家就有其憲法存在，即使在國家未制定憲法典之前，國家仍有各種權力運作的型態或政府組織法產生作用，這就是實質拘束國家權力運作、實際產生效力的實質意義之憲法。實質意義之憲法存在於憲法典、憲法習慣、憲法判例、憲法學理及各種憲法事實現象之中，是最廣義、普遍的憲法定義。故實質意義之憲法與形式意義之憲法，是互相對比的意義，後者只限定於憲法典之文字條文，前者則涵蓋憲法典、憲法的相關事項、憲法精神與生命。因此，要把實質意義之憲法完全納入形式意義之憲法之中是不可能。同時，只單純的研究形式意義的憲法條文，是不可能完整探討或正確理解憲法。

（四）憲法意義之總結

　　「有憲法的國家不一定有憲法」，這一句話若以憲法四種意義來說明，其第一種解釋是，前面的「憲法」指傳統、立憲、實質意義之憲法，後面的「憲法」專指形式意義之憲法。第二種解釋是，前面的「憲法」指形式意義之憲法，後面的「憲法」指立憲意義之憲法。第三種解釋是，前面的「憲法」指形式意義之憲法，後面的「憲法」指實質意義之憲法再加上立憲意義之憲法。

CHAPTER 3

憲法制定權力之意義及本質

憲法制定權力（constituent power）[1]是指，創造憲法秩序，制定憲法之權力。每一部憲法必然有一個制定它的權力，憲法學稱之為憲法制定權力。憲法制定權力是，創造國家最高法秩序，創設國家機關，規範國家權力作用的權力。[2]因此，憲法制定權力是超越憲法而存在的權力。反之，政府、國會等都是由憲法創設的國家機關，是依據憲法而擁有其權力。所以對於憲法的制定及修改，都不是受憲法拘束的國會或其他政府機關所能擁有的權限，而必須是由憲法之上，擁有主權、憲法制定權力的國民才能行使之權力。[3]

一方面，憲法學界對於憲法制定權力是否有界限、受「法」的拘束，或是屬於一種自由自在不受拘束的政治力，一直有各種論議。由學理觀之，憲法制定權力是創造最高法秩序的權力，因此必然是在任何法秩序之前而存在的權力，要探究其法界限與性質，理論上不可行。然而，立憲主義國家的憲法，皆有其必須具備的基本原理，所以並非單以政治力所能任意決定

---

[1] 有關憲法制定權力（constituent power）之詳細論述參照，Martin Loughlin & Walker Neil，*The paradox of constitutionalism: constituent power and constitutional form* (Oxford UK: Oxford University Press, 2007)，Part I & Part II.

[2] 蘆部信喜，《憲法制定權力》，東京大學出版會，1983 年，3 頁。

[3] 制憲權、修憲權與立法權必須區分的思想，在法國大革命之後就已經形成。國會同時擁有立法權與制修憲權，不但違反憲法理念，亦否定國民主權原理。因為，經由憲法所創作出來的國會，只擁有憲法中受委任的權力，不可能擁有變更其委任來源（憲法）的權力。國會或任何憲法下機關不能擁有制修憲權，是憲法最基本之原則，國民擁有制修憲權也是現代立憲主義法的合法性泉源。蘆部，前引注 1，16-21 頁。

其內容。例如，依自然法原理，人的尊嚴與存在是任何實定法所不能否定的，因此人權保障必然成為憲法的核心；依民主潮流，國民必然是國家的主權者、制憲權者，這是憲法不能否定的原理；依歷史的經驗，權力集中必然會腐化，所以權力必須分立互相制衡，三權分立原理應納入中央政府體制，地方自治權限也必須明定，使之成為制衡中央的依據。由此可知，唯有明定基本人權保障，確立權力分立體制，並由國民行使憲法制定權力所制定的憲法，才是具備正當性基礎的立憲主義憲法。同時，面臨二十一世紀的今天，人權除了必須保障思想、表現、人身、經濟等自由權，防止國家權力侵犯個人自由自在的生活領域之外，人權更必須保障能使每一位國民可以過著最起碼的、有尊嚴、有品質生活的社會基本權部分。[4]

因此，若憲法制定權力所制定的是現代立憲主義憲法，則必然受以上所述的基本價值理念、憲法基本原理與歷史發展經驗的拘束。憲法的制定雖無手續面的限制，卻無法避免理論面的限制。憲法制定權力必須受自然法與立憲主義根本原理的拘束，並非可以任由政治實力決定，不受拘束的「絕對權力」。事實上，憲法的制定若僅憑藉著政治實力，為所欲為的制定出一部違反立憲主義原理、違反民主精神的憲法，則該憲法本身是否為「憲法」都有疑問，其存在價值及意義也將被否定。除

---

[4]　許慶雄，《社會權論》，眾文圖書公司，1992 年，13-18 頁。

此之外，憲法制定權力在制定一部憲法之後，並不因而消失，反而必須繼續存在，監督憲法的運作，當憲法有問題則修改之，當憲法與現實脫節，已無法用修改處理時，則必須制定新憲法。因此，憲法制定權力是與憲法共存，經常在自然狀態下運作的權力。[5]如果憲法制定權力消失，則憲法自然失去生命力，就像某一國家滅亡，則其憲法也不再是憲法，而是一堆歷史文件而已。如果憲法制定權力制定新憲法，則舊憲法立即被廢棄，將不再是憲法而是一堆歷史文件。

一方面，如果憲法制定權力「變動」，即使一部分條文或大部分條文是引用自舊憲法，或依舊憲法所規定程序來修改舊憲法，其後所產生的憲法必然是新憲法，是制憲而非修改原來的憲法。例如，過去君主主權國家是由君主欽定的憲法，憲法制定權力掌握在君主手中。然而如果發生革命或其他原因，轉變成主權在民的國民主權國家，則憲法制定權力由君主變更為國民。[6]此時，由國民行使憲法制定權力所制定的憲法

---

[5] Carl Schmitt 著，阿部照哉、材上義弘共譯，《憲法論》，みすず書房，1974年，117-118 頁。

[6] 日本新憲法是依照舊明治憲法 73 條之修憲程序制定，73 條之修憲發案權在天皇手中，由天皇以敕命發案，程序最後亦由天皇裁可，同時非民選之樞密院，貴族院也參與表決，程序上是屬於修憲型態。但是日本在戰後，天皇主權已轉變為國民主權，乃主權、憲法基本原理、國體之重大變動，故主流學說都認定已非修憲而是制憲。事實上是由主權的擁有者「國民」，以其憲法制定權力所制定的「新」憲法。當時在異常狀態之下，為使新的憲法秩序順利建立，在不牴觸國民主權原理下，對於舊憲法之修憲程序適當引用、運作是不得已的，是為了新憲法制定過程之方便，而借用此「形式」上之修憲程序。

必然是新憲法，即使只是修改欽定憲法的一部分或是依照舊憲法修憲程序制定，因為憲法制定權力變動，學理上亦屬制定新憲法。

由以上的論述可以理解憲法制定權力的意義及本質如下：

一、憲法制定權力是在「自然狀態」之下運作的權力，在國家之前、實定法秩序之前已存在之力，故不可能受任何「實定法」的拘束。憲法又是創造國家各種法秩序的基本法，在憲法未制定之前，不可能存在任何實定法可以拘束憲法制定權。因此，憲法制定權力應該是在不受實定法拘束的狀態下，自然的制定出憲法，不可能探求其「法」性質。依此推論，憲法是依政治實力而來，從屬於政治實力，是絕對無限制之力。[7]然而由另一角度觀察，立憲主義憲法有一定的基本原理及架構，並非政治力可任意變動，即使是憲法制定權力也必須受其拘束。例如，人性價值尊嚴之維護、人格不可侵犯、維持自由人自由社會的自由權利、法之下的平等、法治主義、民主主義、國民主權原理等，都是現代立憲主義基本價值、基本原理及人類歷史發展所形成之必然理念與制約。憲法制定權力若自認為是不受拘束至高無限的權力，無視自然法及以上現代立憲主義基本

---

[7] 憲法制定權力在實體、本質與程序方面並無制約，都是不受拘束的權力，可以由抵抗運動、革命或各式各樣的群眾運動形成憲法制定權力，制定新憲法。

原理，只依政治實力制定出違反現代立憲主義的獨裁專制憲法，則憲法制定權力的存在及其正當性亦將被否定，所制定的憲法亦非「憲法」。[8]由此觀之，憲法制定權力必須受立憲主義內容上的根本規範及自然法之拘束，並非不受拘束之「絕對權力」。

二、現代憲法制定權力其意義就是「國民的憲法制定權力」，憲法制定權力的主體必定是歸屬於有政治判斷能力之國民。現代立憲主義的國民主權原理之下，若非由國民掌握憲法制定權力，則憲法必然不具備正當性。掌握憲法制定權力的國民主權，是超越憲法之上，在憲法未制定前就存在的主權實體。這一主權實體所構成的憲法制定權力，與憲法制定後所規定的國民投票制、修憲權、參政權等憲法體制之下的國民主權運作型態，本質上完全不同。當然，主權實體所構成的憲法制定權力，也與依照憲法規定而產生的立法、行政等國家機關權力在本質上不同。這些依照憲法規定、所創造出的國家機關，其權力運作或憲法所賦予的任何國家權力，都是源自憲法，必然受憲法拘束，絕不可能像憲法制定權力一般不受憲法拘束，反過來還可以主導、決定憲法的制定。因此「立法權」只是國民主權行

---

[8]　其理論依據，參照前章【憲法之意義】。一方面，憲法制定權力如果是單純依「政治實力」可以制定憲法或任意修憲，則憲法亦將在政權變動時，受任意更替成為非長治久安的法。

使之下受委託之權力主體，立法權完全不能取代或否定憲法制定權力（主權實體）之運作。立法機構及其構成員都是來自「憲法」所創出，其權力源自憲法，受其拘束乃必然。立法機關或任何憲法所設置的機關，絕無成為或介入「憲法制定權力」之空間，此乃基本的憲法原理。[9]由此可知，被創出的權力，必須受原始權力的拘束，被委任授權的權力必須服從原始的授權者。政府機關、國會、民意代表都是屬於受憲法委任的權力，只能制定法律，不可能制定憲法。所以只有超越憲法存在的國民主權實體所構成的憲法制定權力，才能制定憲法。

三、憲法制定的程序，原則上沒有一定的模式，可以在各種自然狀態下運作制定憲法。但是在學理上的程序階段，可以說明如下：

（一）由憲法學者、專家（國內外皆可）組成「憲法綱要起草委員會」，依立憲主義基本原理提出憲法綱要草案。

（二）憲法綱要草案經由各界舉行公聽會、研討會反映民意，修正、調整有爭議部分，逐漸形成基本共識。

---

[9] 美國 1787 年制憲會議的主要策劃人，亞歷山大‧漢彌爾頓 Alexander Hamilton 指出：「受委任之權力必須順服於原始之權力，人民的意思就是原始的權力，受任者（民意代表）的意思只是受委任的權力」。由此可知，人民的意思可以決定憲法，民意代表的意思只能決定法律，民意代表自以為「代表民意」是不可能，一般常認為民意如流水，就是指出人民的意思與民意代表的意思必然存在差異，位階不同。

（三）舉行制憲代表選舉（制憲為唯一任務），由國民所選出的制憲代表開會確定「憲法條文草案」。

（四）「憲法條文草案」由國民（憲法制定權力者）投票通過，完成制憲程序。

（五）依新憲法規範，組成新政府，實行新憲法體制。

CHAPTER

4

制憲與修憲
——兼論建立憲法新秩序

一、制憲與修憲各種型態之差異

（一）由憲法制定權力區隔其差異

　　制憲與修憲之關係，可由憲法制定權力區隔其差異。憲法制定權力並不因為憲法制定以後就消失或被廢棄，反而是必須繼續存在才能使憲法具備正當性。因此，憲法制定權力隨時能發動而制定新憲法，不受既存憲法的拘束。一方面，修憲是憲法制定時在憲法條文中規定，可以依特定的手續、要件來修改憲法中的某一部分，一般又稱之為「制度化的制憲權」，是一種由憲法制定權力轉化、納入憲法體系的修改憲法權力。修憲權運作時，有以下二項界限：

　　第一，修改憲法只能在憲法秩序的一部分，有調整變動的需要時為之，不可對憲法的基本架構做大幅度的修改。修憲權既然是從屬於憲法制定權力的一部分，因此不可否定憲法制定權力所制定的憲法基本理念及價值。當然，憲法制定權力都必須受界限的立憲主義基本原理及架構等部分，更非修憲權所能更改。

　　第二，憲法制定權力的主體是國民，制度化的修憲權主體也必然屬於國民。因此，即使修憲的過程可以由國會或其他國

家機關參與提案或討論，但是最後一定要經由國民主權做決定，由國民（憲法制定權力者）投票通過，沒有國民最終意思決定，修憲就不具備正當性，也完全違反憲法原理。

（二）由國家定位、國家性質區隔其差異

　　制憲與修憲亦涉及臺灣近年來有關國家定位的爭議。制憲可以是既存舊國家廢棄舊憲法，制定新憲法，也可能是新國家制定新憲法。換言之，新國家一定是制憲，但制憲不一定是建立新國家。一方面，修憲一定是既存舊國家已有憲法才可能修改憲法，所以「修憲」也絕對不可能與建立新國家有關。國民黨政權在多次修憲過程中，雖然已把原來憲法的基本架構及原理修改的體無完膚，根本不可能說是修憲，之所以不敢學習其他國家以制憲方式處理，主要原因是採用「制憲」方式將引發國家定位與憲法制定權力之爭議，故堅決避開「制憲」。反之，部分人士主張近年來修憲已使國會全面改選、總統直選，所以臺灣已獨立成為國家，這也是誤解制憲與修憲基本原理的差異。[1]

---

[1]　臺灣雖然進行了國會的全面改選與總統直接民選，但是這些選舉都是在中華民國憲法體制下的選舉，特別是選舉所依據的法源，是由過去中國

一方面，學理上制憲有兩種型態（參照附表）：第一種的「A 型」是新國家制憲，當一個新國家獨立之後，必然會制定新憲法以確立國家的基本法秩序。其方式是由國民選出制憲代表，召開制憲會議制定憲法，最後由國民投票通過。憲法制定之後，制憲會議與制憲代表立即解散，並依憲法規定選出國會議員及各級首長，組成新國家的新政府。

　　第二種的「B 型」是既存舊國家的制憲，一個國家原則上維持國家的同一性、繼續性，但是為確立新的憲法秩序（例如，主權歸屬、人權保障、權力分立等之變動），不受原有憲法的規範，特別選舉制憲代表，召開制憲會議，廢除舊憲法制定新憲法，並立即依新憲法組成新政府，則屬於另一種型態的制憲。

人民所制定的中國憲法，而目前已被中國人民廢除的憲法，當然與建立新國家無關。此外，民主化與是不是國家完全沒有關係，很多國家都是獨裁專制，所以我們不能說臺灣在蔣介石時代的專制體制下不是國家，這幾年來民主化了所以成為國家，這是完全無關的兩回事。反而很多國家的建國過程都要流血犧牲，並非經由民主程序來建國，因此民主制度與建立國家是無法劃上等號的。若不改變現狀，不向國際社會宣示臺灣要從中國分離獨立，以新國家制定新憲法型態，以新的制憲權選出制憲代表召開制憲會議，由國民認可之後制定臺灣新憲法，依新憲法規定組織新政府，則不可能建立一個新的國家。

	型態	内涵
制憲	A. 新國家制定新憲法	以新的制憲權選出制憲代表召開制憲會議，由國民認可之後，依新憲法規定，組織新政府。
	B. 舊國家制定新憲法	舊國家維持國家之同一性、繼續性： 1. 選出制憲代表，召開制憲會議制定新憲法，全面建立新政府。 2. 可以變動憲法基本原理。 3. 不受修憲程序拘束。
修憲	C. 舊國家部分修憲	1. 不得變動憲法基本原理。 2. 原則上只可修改部分條文。 3. 亦可由現任國會議員提出修憲案參與修憲。

　　以上 A、B 型在對外的國家之同一性、繼續性是否維持有所差異，區隔其是獨立之新國家或者是既存舊國家；但是在對內的憲法秩序之全面革新，可謂完全相同。B 型事實上亦可對國家主權範圍重新處理，制憲權（憲法制定權力）亦可以變動。A 型是新國家主權範圍之新界定，當然是一個嶄新的制憲權。B 型則可能是由君主制憲權轉變為國民制憲權，這樣因主權歸屬變動而導致制憲權的變動；當然也可能是制憲權不變的制憲，只是變動舊憲法基本原理。制憲型其制憲代表及制憲會議專責制憲，不具有其他權限或職權，也不能延續其職權至新的憲法體制成立之後。因此，制憲代表能以大公無私的精神，依立憲主義原理、原則來制定憲法，奠定國家長治久安之憲法秩序，可以不受舊憲法修憲程序及舊憲法基本原理之拘

束，可以徹底改造舊憲法體制。制憲之後，政府必須依新憲法之規定重新組成，故可以全面推動轉型正義、政治革新，完全更替舊有的腐敗人員與體制。同時，制憲也可以排除舊憲法體制下，被扭曲的舊憲法解釋、慣習與判例之拘束。

反之，C 型的修憲則是使現行的憲法維持同一性、繼續性，因此不可更動現行憲法的基本原理。依憲法學理，修憲是在現行憲法規範幾近完美，人權充分獲得保障，政府體制順暢運作，國民普遍認同之情形下，僅因一、二條文與現實脫節，必須局部修改時為之。所以修憲必然有其限制，絕對不可修改現行憲法的基本原理（主權歸屬、人權保障、權力分立）部分。這是因為一般修憲並未選出特別代表，召開專門的憲法會議來提案修改，而只是委由既存的國會提案修改，故修憲權若未予限制，必然會導致國會議員為擴大本身權益，而破壞權力制衡關係，進而破壞憲法秩序與功能。

二、中華民國憲法之修憲方式違反憲法原理

對照以上憲法學理，中華民國憲法是一九四六年由包括中國大陸人民與蒙古人民在內的憲法制定權力所制定。這一部憲

法與這些人民是不可分割的，這些人民有權制憲，當然也有權廢除這部憲法。當一九四九年，中國人民建立新政府，並於一九五四年制定中華人民共和國憲法之後，依憲法學理，中華民國憲法即自動被廢棄。[2]國民黨政權雖然勉強解釋為，因中國人民一時受北京政權壓制與欺騙而非法的制憲，所以這是短暫的現象，以「動員戡亂時期臨時條款」凍結憲法，中華民國憲法仍應好好保存，以備將來反攻大陸之後再帶回中國實施。

　　然而，中國人民六十多年來，已一再的行使憲法制定權力，制定過四次新憲法，[3]北京政權穩定有效統治中國，已被

---

[2]　中華人民共和國是代表中華民國的新政府，都是中國政府。例如，中華人民共和國政府是以，代表聯合國創始會員國及安理會常任理事國的中華民國（當時中國國號）身份，以中華民國新政府身分，要求聯合國將中華民國代表權，以及中華民國在聯合國之席次交予中華人民共和國政府。因為國民黨的中華民國政府已經是一個被中華人民共和國政府所推翻、所取代，是一個不能合法代表中國的舊政權。聯合國創始之初，中國是使用中華民國國號，且至今一直未更換，在聯合國正式網站即可查証。依據聯合國憲章第二十三條，「中華民國」仍為中國之國號，北京政權在聯合國是代表中華民國出席，目前依憲章及法理就是使用中華民國此一國號。中華民國對北京政權並非禁忌，在聯合國北京政權堂堂正正代表中華民國。參照，許慶雄、2011.12、「臺灣參與國際組織的國際法理論」、『臺灣國際法季刊』、臺灣國際法學會、第八卷第四期、25-70頁。

[3]　共產黨自一九四九年建立政府之後，中國首先在一九五四年制定憲法，該憲法被稱為「社會主義過渡型憲法」共4章106條；一九七五年的第二次制憲，被認為是「文革型憲法」共30條；一九七八年的第三次制憲，被認為是「追求現代化政策的摸索型憲法」共4章60條；一九八二年十二月四日由第五屆全國人民代表大會所通過的現行憲法，則被認為是「現代化推動型憲法」共4章138條，該憲法在1988年、1993年、1999年、及2004年曾四次修改。參照，淺井敦著，《中國憲法の論點》，法律文化社，1985年，37頁。

國際社會普遍承認，成為代表中國的唯一合法政府。在此前提下，即使再完整保存過去中國人民所制定的中華民國憲法，[4]事實上也不可能使這部憲法死而復生，或否認其被廢棄的事實。

任何一部憲法都必須有生命力，唯有與賦予其生命力的憲法制定權力同時存在的憲法，才有實質的意義，才是活著有效的憲法。憲法並非只因為其內容、理想完整而得以存在。憲法是因為有實際與其存在的憲法制定權力，這一個有生命的意思主體，不斷的對憲法加以解釋、形成判例而注入生命力，使其有適用運作的空間，使其成長且維持效力，這才能證明其實際存在。然而，一九四六年的中華民國憲法已失去生命力，事實上只是歷史所遺留的文件，因為其憲法制定權力已棄之而去.，已另行制定過四部憲法。每一次中國人民制定新憲法，都是再一次否定過去的舊憲法。這一部國民黨所謂的「法統」憲法，由學理與現實上的各種角度觀之，都無法再稱為「中國」的憲法。何況如今的國民黨政權，一方面已放棄戡亂，承認北京政權的合法統治，接納中國人民已制定新憲法的事實；一方面，亦經由臺灣二千萬人選出代表來修改憲法。如此很明顯的，在臺灣的憲法制定權力與原來制定中華民國憲法的憲法制定權力已完全不同，這是一個以二千萬臺灣人民為中心所形成的「新」憲法制定權力。國民黨政權即使用盡方法、手段，不

---

[4] 國民黨對於修憲只在後面增補條文，不對原條文做文字更動，其理由即為完整保存帶回中國大陸向中國人民交代。

動原條文或一機關兩階段的修憲，把原來中華民國憲法中的條文保存下來，再增補一些強化既得權益的條文附在後面，結果這樣的一部憲法，仍是由「新」憲法制定權力所制定的「新」憲法。雖然其中拼湊了中國人民已廢棄的一九四六年中華民國憲法條文，但是依憲法學理，這樣的憲法絕對不能解釋為，是由中國人民行使憲法制定權力所做的修憲。這部憲法與中國及其憲法制定權力完全無關，所以並非延續下來的法統。

反之，近年來由臺灣二千萬人選出代表來變動憲法，若認為是修憲而不是制定新憲法，是把原來中華民國憲法中的條文保存下來，增補一些條文附在後面的修憲，則違法的修憲當然使中華民國憲法失去正當性，違反憲法制定權力學理。此一法理，老一輩的國民黨憲法學者都很清楚，他們了解中華民國憲法的制定權力在中國，敗退到臺灣的國民黨政權是沒有修憲的權力，故他們一再強調中華民國憲法一個字都不可以更改，否則就是否定中國人民的憲法制定權力，使憲法名實都中斷。故三十多年來一直以「動員戡亂時期臨時條款」來凍結憲法，以象徵性的繼續維持中華民國憲法法統。[5]

---

[5]　許慶雄，《憲政體制與中國關係》，知英文化公司，1995 年，57-58 頁。

三、臺灣不能以中華民國「第二共和」制憲只能以新國家制憲

前已論及，九零年代以來中華民國憲法之修憲方式違反憲法原理，臺灣不能再用修憲方式，維持中華民國憲法法統。臺灣要成為主權國家，建立憲法新秩序，唯有使用制憲方式。以下則進一步分析，臺灣也不能以中華民國「第二共和」方式制憲，臺灣必須向國際社會「宣布獨立」（Declaration of Independence），以新國家型態制憲。

（一）國家主權與憲法秩序之關聯性

一五七六年布丹（Jean Bodin）在「國家論六篇」中指出，[6] 主權是國家絕對不可缺的本質，是最高的權力及獨立在各種法律之外的權力。因此，唯有經由主權擁有者以憲法制定權力才能制定高於各種法律、確定所有國家權力歸屬關係、明示各種

---

[6]　布丹（Jean Bodin.1530-1596），"Six Livres de la République". Frederick Copleston, A History of Philosophy (New York: Doubleday, 1953, 1993), 3:325.

國家權力支配原理的「憲法」。[7]目前國際社會是由主權國家所構成，要參與任何國際組織、國際活動也都是以主權國家為前提要件。所以國家一定要有明確行使主權的領域範圍與對象，也就是一般所謂的領土與人民，才能使國家權力對外獨立自主不受他國干涉，對內是最高權力。國際社會除了主權國家之外，就是受中央政府管轄的地方政府，或是聯邦國家中的非主權國。這樣的政府與國家，不能自主的制憲、修憲，也不能有獨自的憲法體制。[8]最近有所謂「新主權論」，認為國家主權並非絕對必要，隨著國際社會緊密的往來，主權受限已愈形普遍。然而，這是擁有主權的先進國（西歐各國）面對成熟的區域性國際社會，才能論議的理論。亞洲、非洲、中南美洲地區，國與國之間的紛爭對抗仍持續不斷，如何能無視現狀不談主權。特別是臺灣處於國際孤立的情況下，要擠入先進國家之林，也應確立主權之後才能再談「新主權」理念。何況，國家對外的主權概念或許有重新定義的必要，但是國家內部以立憲主義為基礎所架構而成的國民主權原理，包括基本人權保障、民主制度、法的支配等都是必須堅持的理念。[9]所以必須

---

[7]　蘆部信喜，《憲法學 I（憲法總論）》，有斐閣，1992 年，220-249 頁。

[8]　有關主權與憲法之關聯，參照杉原泰雄，《國民主權の研究》，岩波書店，1989 年；同著，《國民主權の史的展開》，岩波書店，1985 年。

[9]　參照，江橋崇，「國家、國民主權と國際社會」，《講座。憲法學（第二卷）》，日本評論社，1994 年，43-70 頁。

先確定是主權國家，並界定國家行使主權的統治、支配範圍，才能以「國民的憲法制定權力」制憲。

（二）中華民國與中華人民共和國都自我主張是新政府並非新國家

　　中國國民黨政權一再強調，中華民國自一九一二年建國之後就繼續存立，中華民國雖喪失對中國大陸及中國人民的統治權、管轄權，但仍在臺灣成為主權獨立國家。然而事實並非如此，這可從歷史方面證明。中國這一個國家是幾千年前即存在於人類社會的古老國家，我們所受的教育也已充分說明。因此 1912 年發生的是推翻腐敗的滿清政府，建立民主的、國民的、共和的中華民國政府，這只是中國這一個國家的改朝換代，中國這個國家並未被消滅，當然也不可能誕生一個新國家叫做中華民國。法理論上 1912 年中華民國的建立，是新政府打倒了中國的舊滿清政府，而不是脫離中國獨立，更不可能是消滅中國，建立一個名為中華民國的新國家。事實上也不可能，因為中華民國從來沒有留下任何一塊土地讓大清皇朝的中國得以繼續進行統治而存在；法理論上如果是分離獨立建立新國家，原本的國家必然是繼續存在。在歷史上從來就不

曾出現一個國家被消滅後，於該國的土地上，以其原有的人民再建立一個新國家的例子，國際法上也沒有這種建立新國家的理論。[10]中華民國推翻滿清的例子，並不是建國而是改朝換代，是政權的變動，是新舊政府的更換。所以，自從中華民國名稱出現以來，其目的一直是要成立一個中國的新政府，以繼承腐敗的滿清政府，而非從中國分離獨立建立新國家。中華民國從來沒有脫離中國成為一個新國家的主張，中華民國與中國是表裏合而為一的，中華民國政府從來沒有主張過要從中國分離獨立。換言之，原來有國家存在的領域及人民，根本沒有機會也不可能建立新國家，理論上只能推翻原有的政府，中華民國即是屬於此種情形所產生的中國歷代的一個政府。

　　一般形容中華民國是一個國家，實際上都是在說明中國是一個國家。所以過去中華民國在美國有大使館，中華民國有一百多個國家承認，中華民國在聯合國是安理會常任理事國；沒有錯，這些都曾經由中華民國政府代表，但是絕不能以此誤以為中華民國政府就是國家。中國是國家，而某一時期是由中華民國政府代表，故兩者重疊，但並不因此就使中華民國成為國家。「中華民國」從來就不是一個國家，而是一個中國政

10　國際法建立新國家的主要四種類型：一、無主地形成新國家、二、合併形成新國家、三、分離獨立形成新國家、四、分裂形成新國家。參照山本草二，《國際法》，東京：有斐閣，2003 年，171-172 頁。

府。雖然中華民國政府自 1949 年起敗退到臺灣，但其在聯合國的席次卻是代表當時「全中國」的 7、8 億人民，代表在「全中國」這塊土地上的政府；[11]所以不能以此就認為，1949 年以後中華民國在聯合國的席次，就是僅僅代表著不受中國統治的臺灣地區、代表著在臺灣的二千萬人；同樣地，這也不代表中華民國在臺灣已經從中國分離獨立，是代表臺灣地區的一個國家。目前中華民國在世界上的 23 個邦交國，他們對於中華民國的承認，也是承認中華民國是合法代表中國（包括中國大陸及 10 多億國民）的政府，而非承認中華民國是與中國無關的、是在臺灣的另一個國家。[12]換言之，在邦交國眼中馬英九政府仍是代表中國的合法政府，馬英九總統仍是中國及中國廣大土地、人民的國家元首；所以北京對於在臺灣的中華民國才要封殺，也有權封殺其外交空間；而這些邦交國才會要求金援，否則要轉為承認北京才是中國合法政府。所以，兩岸的外交戰仍然是停留在中國這一國家內部合法、非法政府之爭的一個中國模式中。

---

[11] 1949 年敗退到臺灣後一直到 1971 年為止，在臺灣的中華民國政府在聯合國的會員國年會費，即繳納包括中國大陸 7、8 億人在內，所計算出來高額的年會費。

[12] 有關國家與政府之區別，國家承認與政府承認之區別，以及分離獨立建立新國家與革命政變建立新政府之區別，各國國際法入門書籍皆有論述。參照日本国際法事例研究会編《国家承認》，日本国際問題研究所，1983 年；同編《国交再開・政府承認》，日本国際問題研究所，1988 年；王志安《國際法における承認～その法的機能及び効果の再検討～》，東信堂，1999 年。

由另一方面觀察，中華人民共和國也從未主張，要從中華民國政府統治下的中國分離出去獨立建國，就國共內戰的歷史來看，共產黨執政下的中華人民共和國政府並非主張分離獨立，所以中國並未分裂。如果中華民國政權不能夠反攻大陸，不能取代北京政府掌握中國大陸的政權，中華民國體制就變成一個叛亂體制。臺灣人接受中華民國體制的統治，就代表臺灣人甘願繼續在臺灣叛亂，暫時不接受合法的北京政府統治，先偏安臺灣等待不得已時只好投降。所以只要維持中華民國體制的現狀，臺灣就不可能是國家。中國從來沒有分裂，至今仍只有一個中國，只是國家內部有一部份被非法政府所統治，合法政府（中華人民共和國政府）才要壓迫中華民國非合法政府快投降，這就是所謂的兩岸問題、臺灣問題、一個中國問題。

（三）國際社會都是以新政府承認中華民國與中華人民共和國

　　國際法上的承認理論明確區分為政府承認和國家承認，其適用的區別就在於，新政權革命時的意圖是要建立一個新政府或是一個新國家。如果革命運動所欲追求的是建立新政府，那麼世界各國所給予的就是政府承認；如果革命運動所欲追求者

為建立新國家，那麼世界各國就會認識到該革命運動的主張是想從母國分離獨立，基於客觀的事實認定而給予國家承認。

我們看孫文領導國民黨的革命，其目的就是要建立新政府，所以世界各國對中華民國的承認就是政府承認，承認中華民國取代滿清政府成為代表中國的政府。就歷史而言，中華民國本身從來未曾向世界各國宣示要建立一個新國家，所以沒有任何一個國家給予中華民國國家承認，承認中華民國是一個與中國或大清帝國毫無政府繼承關係的新國家。我們可以由外交部等官方文件得知，自 1912 年以來，世界各國對於中華民國的承認，包括美、日、歐洲及其他曾經與中華民國有過邦交的國家，他們對中華民國的承認，都是承認中華民國政府成為代表中國的合法政府，國際社會所給予中華民國的是政府承認而非國家承認。如果各國對中華民國的承認是屬於國家承認，那麼依據國際法，國家承認是不能撤銷的；如果孫文領導國民黨革命後，世界各國對中華民國的承認是國家承認的話，即使今天中華民國的領土只剩下臺灣，即使今天美國與中華民國斷交，甚至是交戰，依據國際法理論也不能撤銷對中華民國這個國家的承認。國際法上國家對他國作出國家承認之後即不能撤銷，受到承認的國家即永遠存在，除非國家滅亡消失或被他國併合，否則國家承認永遠存在。[13]

---

[13] 參照高野雄一，《國際法概論（上）》，東京：弘文堂，1990 年，146 頁。

另一方面，聯合國如何處理中華民國（中國）代表權問題的方式，也可以證明中華民國不是國家。一九四九年成立的中華人民共和國「政府」也是推翻腐敗的國民黨政府，建立屬於人民的政府，並非主張由中華民國（中國）分離獨立，建立新國家。因此，每年十月一日中華人民共和國政府明白指出是慶祝「建政（建立新政府）紀念日」，並非「建國紀念日」。中華人民共和國政府對外也是向各國要求對新政府的「政府承認」，並非要求「國家承認」。中華人民共和國對聯合國也是主張要取代中華民國舊政府的代表權，從來沒有提出申請書說中華人民共和國是一個新國家，要以新國家的身分申請加入聯合國。[14]中華人民共和國政府是以代表聯合國創始會員國及安理會常任理事國的中華民國身份，以中華民國新政府的身分，要求聯合國將中華民國代表權，以及中華民國在聯合國之席次交予中華人民共和國政府。因為國民黨的中華民國政府已經是一個被中華人民共和國政府所推翻、所取代，成為不能合法代表中國的舊政府。中華人民共和國是以此種方式進入聯合國，要求國際社會給予政府承認，認定中華人民共和國是唯一合法代表中國的政府，聯合國於 1971 年即已作出此種認定的明確決議。

---

[14] 中華人民共和國爭取聯合國代表權與國家承認及政府承認之法理，參照広瀬善男，《国家・政府の承認と内戦（上）》，信山社，2005 年，235-279 頁。

當一個舊政府喪失其原有的土地與人民，而由新政府實際有效地統治其原有的土地與人民時，國際社會當然認定新政府才是代表該國的政府，也因此聯合國才決議，由中華人民共和國政府來代表聯合國的創始會員國、聯合國安理會常任理事國的中華民國（當時中國名號），也就是中國這一個國家。中華民國體制的官方說法，說成中華民國被趕出聯合國，更是毫無根據的謊言。事實上，聯合國從成立之後就從來沒有排除過任何會員國，從來沒有開除過任何國家的紀錄。不但沒有這種紀錄，譬如伊拉克入侵科威特，聯合國也未開除伊拉克的會籍，伊拉克到今天都仍然是聯合國的會員國；一個與聯合國對抗，與聯合國作戰的會員國都沒有被開除，更何況當時還是一個好好的中華民國怎麼可能會被開除？其實中華民國根本就沒有被開除，敗退至臺灣的中華民國政府是因為被認定為叛亂體制，不能夠再繼續代表中華民國，所以才必須讓出中華民國的代表權，必須讓出中華民國在聯合國的席位，讓出中華民國在安理會的席位，轉由新政府中華人共和國政府來代表。[15]聯合國並未驅逐中華民國，中華民國對國際社會而言，只是中國

---

[15] 中華民國是聯合國創始會員國及安理會常任理事國，目前由中華人民共和國代表出席，在名稱上雖使用中國或英文的 CHINA，但是在憲章及正式名稱仍延續使用中華民國（Republic of China）。事實上由英文觀之，中華人民共和國（People's Republic of China）也可直接意譯為「人民的」中華民國，中華人民共和國對中華民國並不畏懼也樂意繼承，只是不允許臺灣使用。

這個國家某一個時代的一個國名、一個政權而已，並非一個不同於中國的國家。所以世界各國對中華民國的認定是，中華民國不是一個國家，中華民國只不過是存在於中國某一個時代的政府的名稱（國名）而已，中華民國政權敗退至臺灣繼續叛亂，世界各國對於兩岸問題不願意也不能介入，因為北京平定叛亂是屬於一國內戰的問題，是中國的內政問題。

換言之，當中華民國體制成為中國的一個舊政府，國際社會都承認中華人民共和國才是唯一合法代表中國的政府時，在臺灣的中華民國體制理所當然的就成為中國的一個叛亂體制，我們臺灣人就成為被中國的叛亂體制所統治的叛亂地區的一份子。臺灣人沒有國家的身分地位，臺灣今日在國際社會上不能參與國際組織，以及為什麼臺灣不斷面對中國武力威脅，原因就在於中華民國體制。因為在國際法上，它只是中國的一個叛亂體制的地位而已並非國家。更無可奈何的這也是二千多萬人臺灣人自己的選擇，選擇繼續維持中華民國體制的現狀，這就是主流多數維持現狀的惡果。

因此，臺灣如果不強調自己是主權國家，以追求獨立自主，反而繼續使用中華民國國名，或是企圖形成中華民國「第二共和」，就無法明確界定主權成為主權國家，無法制定憲法。國民黨政權一再維持中華民國體制的現狀，主張「只有一個中國，臺灣是中國的一部分，臺灣與中國要統一」，繼續增修「中華民國憲法」，使用中國臺灣、中華台北等附屬於中

國的名稱，結果只會導致國際社會認定臺灣是中華人民共和國的地方政府。如此，則根本否定臺灣人民有憲法制定權力，怎可能制定憲法。由此可知，臺灣要制定憲法，最基本的前提要件是，必須向國際社會「宣布獨立」，[16]確定主權範圍僅及於臺灣，絕對不包括中國與蒙古兩個主權國。其次，必須釐清的是臺灣不能再代表中國，故不可使用中華民國或與中國有關的國名，當然也不能偽裝繼續施行中華民國憲法體制。如此，臺灣人民才能擁有憲法制定權力制定新憲法，建立憲法新秩序。

四、結語：臺灣建立憲法新秩序之展望

憲法秩序的建立，除了需要有一部符合立憲主義精神與原理的憲法典配合之外，更重要的是憲法精神與實際運作的成長

---

[16] 世界上有不少古老的國家不知是否有發表過獨立宣言，或是不知何時宣布過獨立，但是這些國家必定會一再宣布自己是獨立國家。事實上世界各國在宣布獨立（Declaration of Independence）之後，仍然必需繼續不斷的宣布、宣稱自己是獨立國家，維護自己的國格，這就是國際法上「宣布獨立」的真正意義與重點所在。因為臺灣從未主動、積極、持續的宣佈獨立或主張是新國家，所以世界各國及國際組織依國際法法理，當然沒有權利承認臺灣是國家，這與中國的反對無必然關係。

和發展，也就是一般所強調的憲法是否具備生命力與活力。憲法要成長發展且有實際運作效果，則更需要全體國民對憲法的理解與關心。因為即使有一部理想的憲法，仍需要有普遍具備憲法知識的憲法學者專家才可能有效實施，仍需要全體國民的維護才不致被破壞惡用。因此，雖然現階段在國民黨政權刻意阻撓下，無法制定一部符合學理及臺灣現況的憲法。但是無論如何，憲法理念遲早總是要推廣，使人民都能體認憲法的重要性，否則是不可能建立憲法新秩序。同時，也唯有在全民進一步理解憲法理論之後，才能有效阻止政客為私利而修憲、制憲，阻止憲法淪為政客統治人民的工具。

　　九零年代臺灣制憲運動萌芽時期，雖然集結不少力量追求制憲建國目標，卻過分依賴民進黨的所謂「制憲國大」。結果這些國大代表進入體制後，有些擁抱現實積極參與體制內補破網式的修憲，有些基於政治利益企圖促成中華民國「第二共和憲法」，幾乎完全放棄繼續宣揚憲法理念、追求制憲的目標。因此，如何直接向臺灣人民宣揚憲法理念，使全民廣泛參與制憲運動，才是當前建立憲法新秩序的重大課題。以下試以比較具體的方式，提供未來制憲運動應注意的部分：

（一）參照先進各國憲法學理擬訂憲法草案

制憲必須先充分整理先進各國的憲法學理，必要時應邀請各國憲法學者共同研討，以作為參考。立憲主義經由長期發展，已形成各國在制憲時，必須依循的種種基本原理。因此，以事前蒐集完備的憲法學理為基礎，再配合臺灣的現實狀況擬訂憲法草案，才可能制定一部理想的憲法。

（二）形成國民共識

制憲必須先形成國民共識，凝聚出對憲法內容明確的輪廓，絕對不可精英制憲。例如，社會權應涵蓋那些項目，其中那些部分應具體保障；政府體制應採何種型態，國會議員任期幾年；違憲審查應採何種方式等等，都應經由各種團體的研討會、各地區的公聽會、全國性傳播媒體的公開討論，來形成國民共識的憲法草案。

（三）制憲代表應明確定位其職責

制憲代表應定位為「將國民對憲法內容已形成的基本共識，依立憲主義原理，予以條文化」的專業代表。因此，在國民共識的憲法草案規範下，實際上制憲代表所能決議調整的實際內容是有限的，絕非依己見或代表各政黨利益，提出各種違背全民共識與憲法學理之主張。同時，制憲會議在確定憲法條文之後即解散，制憲代表並不能再享有其他任何政治上權益。如此才可防止自行擴權，約束制憲代表以客觀中立之立場，為全體人民制定完備的憲法。

（四）憲法須經國民投票決定

制憲會議所通過之憲法條文，必須經由國民投票同意，才完成制憲程序。國民投票除了符合國民憲法制定權力原理之外，同時亦可經由投票過程，凝聚國民對新憲法之支持力量，確認憲法內容的合法性與正當性基礎。

最後，制定新憲法對當前的臺灣，有何立即的效果與正面的意義，主要可以從以下幾點來思考：

1. 全面革新的契機：制憲才能廢除目前臺灣在政治、經濟、教育、社會風氣等各層面的弊病，落實全面整頓、徹底改造的轉型正義，不致東修西補徒然造成種種對立與腐敗的延續。

2. 人治邁向法治：經由廣泛論議全民理解與支持的新憲法，才能使各黨派依循憲法規範盡其職責，建立權責分明人民信任的政府，使臺灣由人治邁向法治。

3. 彰顯主權國家地位：制憲顯示臺灣是主權獨立國家，亦表明臺灣人民建立民主法治國家的意志，對於爭取國際社會支持，對抗中國併吞臺灣的野心，都是最有效的後盾。

4. 邁向福利國家：制憲才能打破特權壟斷的政商勾結體制，建立以全民福祉為目標的國家體制，使臺灣成為保障人權，重視社會福利的現代化福利國家。

CHAPTER 5

國民主權與國民國家

主權（Sovereignty）、國家、國民等都是現代國民必須正確認識的概念，由於臺灣長期以來的教育一向忽視這一部份，導致多數人非但無法經由正常的教育體系或學術研究獲得理解，甚至遭扭曲與誤解，實在令人遺憾。事實上，這樣的狀況也正是造成目前臺灣二千三百萬人民，面臨國家認同危機的主要原因。一方面，Nationalism 一般中文稱之為民族主義或國族主義，中文之民族則被認為是含有族群、人種與國民三種概念在內的一種混合性意識形態。[1]同樣使用漢字的日本，則使用音譯「ナショナリズム」或民族主義、國民主義，學者也認為正確定義很困難。公法學主流則定義為：「將政治、文化與族群一致化為一個單位之思想與運動」。[2]然而，自一七七六年美國獨立宣言及一七八九年法國大革命提出國民主權的理念開始，發展至今認為只有在國民賦予統治權力，現代國家的政府才能具有正當性、合理性基礎。因此 Nation、Nationalism 在與國家結合之後，又有不同的概念，使其定義更為複雜。以下主要針對主權國家的本質、國民國家的建立、臺灣領域主權等部分，依據公法學理論，加以分析及探討。首先，針對主權、國民、國民主權之關聯性加以分析。主權與國民是構成國家最重要的基礎，因此國家對外必須強化主權，對內必然努力

---

[1] 有關 nation、nationalism 在臺灣之翻譯與概念，參照，李喬〈臺灣民族主義的幾個問題點〉施正鋒編《臺灣民族主義》（台北：前衛出版社、1994年）頁 17-21。

[2] 姜尚中《ナショナリズム》（東京：岩波書店、2001 年）頁 5。

在自己的支配領域內集結成國民共同體，其中國民主權則是強化主權、形成國民命運共同體的連接點。其次，則針對國民國家與 Nation、Nationalism 的定義、概念提出學理分析，並說明中文與漢字翻譯時，如何選擇比較能正確表達其概念之名詞。

現代國際社會之構成主體是國家，而國家主要性質可謂集中於「主權」的概念。主權與國家是一體的兩面，現代國家必然是主權國家，國家一定擁有主權，主權一定是形容國家，兩者是不可切割的。提到主權若與國家無關，那就不是「主權」而是「權力」，不應使用主權一詞來形容。例如，「公司的主權掌握在董事長手中」，就是一種錯誤的用法。又如，主權之前若使用名詞，必然是指國名才有意義，美國主權、日本主權都是如此。但是絕對沒有所謂亞洲主權、聯合國主權的用法，因為亞洲是地理名稱不是國名，聯合國是國際組織不是國家，所以都不可能擁有主權，也不能用主權來形容。同理，「追求臺灣主權獨立」是指，目前臺灣還不是國家，臺灣也非國名，然而要努力使臺灣從中國分離獨立成為國家，所以有其意涵。反之，「臺灣主權」早已獨立，或「臺灣主權」不屬於中國，這就是錯誤的用法。因為臺灣到現在還不是國名，所以不可能有臺灣主權存在；臺灣主權不屬於中國，應該是指臺灣「領域主權」不屬於中國。一般這樣使用就是根本不了解，主權與國家有著一體兩面不可切割的本質。

國家與主權是一體之兩面，兩者相互結合形成國際社會最重要之基礎。現實國際社會也是以主權國家間，相互作用過程所架構而成的體系。國際社會中，國家是意志決定及行動之基本單位，國家對其內部人民與領域亦表現出排他的支配權。因此，一個國家要超越主權，直接影響其他國家的國民，事實上並不容易且有其界限。反之，一個國家必然致力於內部的統合，集結成一致的意志以對抗來自國外之影響；另一方面，國際社會體系所面臨的問題，主要即是針對主權國家間的相互作用部分，探討如何對之加以規範的秩序。國際法有關國家平等、領土不受侵犯、內政不受干涉等主要原則，皆是以主權國家為前提。因此提及國家若不談論主權，即無法說明國家的本質，一旦不具備主權，則國家即不成為國家。一方面，國民主權是現代國家權力運作正當化的基礎，如果未依據國民主權原理，就不是一個民主法治國家。然而，國民主權原理中，所出現的主權意義為何，國民又是代表什麼，這兩個名詞實際上是理解國民主權的關鍵部分。

一、主權之概念與意義

　　主權是人類社會發展過程所產生各種對抗關係，逐漸形成的對抗概念（ein polemischer Begriff）。[3]換言之，在歷史各階段發展過程中，主權的概念時而用於表示國家權力與其他各種勢力之對抗，時而用於爭論國家權力歸屬於何者之對抗，因而有不同之內涵。

　　初期，布丹（Jean Bodin）之所以在《國家論》一書中提出主權理論，其主要目的是要確立國家的統一。此乃因當時的法國主權，對內要與封建諸侯對抗，對外則要與羅馬教皇及神聖羅馬帝國皇帝對抗，故必須在絕對主義的前提下，確立以統一國家為中心的權力，此即主權在此階段的主要意義。主權使君主得以擁有絕對權力，較封建諸侯更高且強，否定諸侯的權威，從而成為國家內部的最高權力。主權亦使君主擁有對等性權力，可與教皇及神聖羅馬帝國皇帝平起平坐，否定超國家的權威存在，成為可以對外獨立自主的權力。[4]因此，主權論在其成立初期，具有相當的進步性，具備反封建與反神權之性格，其目的在於對抗教皇、羅馬帝國、封建諸侯；其次，在

---

[3] G.Jellinek, "Allgemeine Staatslehre" 1900.頁 440-441。芦部信喜 ほか訳『一般国家学』（東京：学陽書房、1974 年）頁 358-359。

[4] 參照，長谷川正安「主権について」、杉原泰雄（編）『国民主権と天皇制（文献選集日本国憲法 2）』（東京：三省堂、1977 年）頁 69-70。

民權理念發達之後，主權又成為對抗君主掌握國家權力的概念，此時主權對抗的對象成為君主專制。一七八九年法國人權宣言第三條即指出，所有主權之本源應來自國民。但與此同時，各種不同之主權歸屬概念紛紛被提出。例如，國民主權、人民主權、市民主權、階級主權等，進而引起各種主權應如何運作的論爭，主權歸屬、作用遂成為在此階段的主要意義；最後主權概念又因為國際社會逐漸複雜化，國與國之間的國際關係具體形成，故使得有關國家對外權力的作用成為其重心。[5]因此，國家主權、領域主權的概念，遂成為主權論述的重點所在。

因此，主權概念雖然由於歷史、社會之變遷，而使對抗的對象有所不同，內容有所差異，但時至今日，主權的意義仍然環繞著以國家及其權力運作的過程，探討其所產生的各種對抗關係，此點殆無疑義。自從主權概念被提出後，由於其發展過程的變動性及抽象性，使得主權的意義很難加以界定，過去一直認為主權是抽象的概念，或是有爭論的概念。然而，經過公法學者幾百年的研究，主權已逐漸成為實際且具體的概念。

近代公法學對主權的定義，主要可以由以下三種不同的角度來理解：[6]（1）主權是國家權力作用的總稱。包括統治權、

5　有關主權與國際法秩序之相互關係，參照，高野雄一「主権と現代国際法」、高野雄一（編）『現代法と国際社会（岩波講座現代法 12）』（東京：岩波書店、1972 年）頁 1-40。

6　有關主權之定義，參照，小林直樹『憲法講義（上）』（東京：東京大學

領土支配權、行政權、司法權、立法權……等各種各樣的國家權力的總合就是主權。因此絕對不可能有所謂主權可以與治權分開，或有主權沒有行政權等矛盾的說法。(2)主權是最高的國家權力，獨立不受支配的權力。所以主權不可能分享，如果可以分享就必定有一個更高的權力可以支配、分配主權。如此，被分配的就不是主權，反而是主導分配的力量才是主權。因此，所謂「海峽兩岸分享主權」的說法，也是完全誤解主權的本質。(3)主權是國家「所有事務」最後的決定權。這也可以說明為何聯邦國家中，各邦沒有最後的決定權，所以沒有主權，只有聯邦政府有主權。反之，邦連則是各會員皆為主權國家，邦連只是一個國際組織，其事務是由各成員國合意而共同決定，邦連沒有最後的決定權。

另一方面，主權也可以由「範圍」、「性質」、「歸屬」來進一步了解其意義及本質。

出版会、1987 年) 頁 38-46；和田英夫『憲法体系』(東京：勁草書房、1979 年) 頁 12-18；佐藤 功『日本国憲法概説』(東京：学陽書房、1986年) 頁 28-33。

（一）主權的範圍

主權一定有範圍與界限，沒有範圍就不是主權，沒有界限也不能形成主權。因此，主權就是指國家行使統治、支配權力的範圍與界限。國家的對人主權，就是指國家管轄權限所及的全體國民，即使國民到他國旅行，國家仍有對人主權，可以行使外交保護權。國家的領域主權，就是一般所稱的領土，是一種空間觀念，在此一特定範圍的空間內，國家的主權可以有效作用。因此，依據國際法旗國主義原則，在公海及公空的該國船舶、飛機，都是國家的主權作用空間。但是要注意的是，機、船是會移動的物體，當機、船進入他國領海、領空時，原來旗國的主權立即受界限，無法完整有效作用。

（二）主權的性質

主權具備有對外不受任何權力制限的性質，是獨立自主的權力；對內則沒有任何權力可以與之對抗的性質，是最優越的權力。現代國際法所規範的國際社會，國與國之間有各種條約必須遵守，國際組織對會員國也多少有拘束力，因此有人誤解國家的主權被外力所制限。然而，國際法的條約都

是簽署國之間所達成的「合意」，是國家自願要遵守的合約，並沒有任何外力可以強制國家簽訂條約、遵守條約。國際組織的憲章，也是國家在加入時自願表明要遵守的合意，因此對該組織依憲章所做的決議，是國家自願遵守執行，並沒有所謂國際組織可以強制國家的情形。由此可知，主權國家對外仍然是獨立自主，平等與各國往來，並無任何外力可壓制國家。

主權對內應顯示最優越的地位與最高的權力的性質。一國之內如果有另一股政治勢力興起，要挑戰主權的最高性，則主權者必須鎮壓之。如果該獨立的政治力挑戰成功，形成另一個可以對抗原主權的新主權，這就是分離獨立建立新國家。此時，原來的主權國家必須容忍其分離獨立，才能維護自己主權對內的最高性。由此可知，主權對外、對內都必須隨時維持其獨立、最高的性質，這才是主權。

（三）主權的歸屬

主權是國家政治權力運作的最終權力，何者掌握主權，就成為國家的最高權力者或最高機關，也是國家意思的最後決定者。過去主權歸屬君主一個人，就使國家成為君主專制國

家，由國王掌握國家的最高權力。社會主義國家主張主權應歸屬農民、工人階級，於是國家成為階級專政國家，農工階級成為國家權力結構的核心。民主法治國家，主權應歸屬於國民全體，所以稱之為國民主權。唯有國民掌握國家主權，才是民主法治國家，國家權力的運作才具備正當性、合法性。

由此可知，主權的歸屬決定一個國家的本質，也決定國家的統治型態。事實亦證明先進國民國家，都是依據立憲主義國民主權為基本原理，架構出一個權力分立、民主法制的政府體制，成為一個以保障人權為目的的民主國家。因為主權歸屬於國民，才能促使國民與主權相互作用，結合成強而有力的國民國家，這就是先進各國所建立的「國民主權國家」型態。國民主權可以加速國家內部各族群對國家之情感與忠誠心，以形成命運共同體的國民（nation），維護國家權力之統一性與正當性，由下而上創設、護衛國民自己的國家。維持國民主權制度，可以持續的促使國民與主權相互作用，形成強而有力的現代國民國家。

二、國民的意義

國民主權原理中，國民涵蓋三種意義：主權者、國家機關、人權享有主體。

（一）國民全體是主權者

現代民主法治國家，主權歸屬於全體國民，因此國民全體成為主權擁有者。國民是國家主權者，此時涉及國民與主權的結合，因為主權有不可分割的本質，所以「國民」也不可當成是各別存在的個體，而是指全體國民所構成的整體才是主權者。換言之，主權是不可分割的，必須由全體國民所共有。反之，因為主權不可分割，所以不可能由個人、團體、政黨、特定階級等分享。因此，國民全體是主權的「主體」，共有、共享主權。

（二）國民是整體運作的國家最高權力機關

　　主權者是國家權力的最終決定者。國民全體是主權者，因此國民全體可以形成共同意思，決定國家重大事務。此時國民全體構成一個國家機關在運作，而且是國家最高的機關，任何其他國家機關都無法與之對抗。國民成為主權實際發生作用的一個實體機關。例如，國民在選舉國會議員時，就是成為一個機關在運作，委任組成一個代議機關。當國民投票決定國家重大決策時，國民所構成的機關直接取代國會或其他機關作最終的決定。制憲或修憲最後須經由國民投票通過，也是國民機關運作的一種型態。

　　由此可知，中華民國憲法有關國民「代表」大會的設計，本質上就是否認國民主權及國民機關的存在。國民大會體制，使國民只能選出國民代表代為行使主權，包括修憲、選舉總統，造成國民所享有的只是間接的主權，根本違反國民主權原理。

（三）國民是人權享有主體

國家存在的目的是為了保障每一個人享有人權，因此國民當然是人權享有主體。此時國民所指的並非一整體的概念，而是各別存在的自然人。現代民主法治國家原則上認為，自然人的生命、自由、幸福是超越國家而存在，這就是「個人尊嚴主義」。因此，國家的存在是為了維護每一個人的人格尊嚴與人權，若非如此，國家就沒有建立的必要。

三、國民主權的意義

（一）制度上的意義

國民主權成為現代民主法治國家憲法的基本原理之後，必然要架構出各式各樣的制度，使國民主權能實際發生作用，這就是國民主權制度上的意義。

1. 超憲法的制度

　　國民主權必然存在著，憲法尚未制定產生之前的運作及憲法實施之後的作用。憲法尚未制定產生之前國民主權的權力作用，屬於超越憲法而存在的制度。憲法制定權力經由國民運作而制定憲法，就是國民主權超憲法的制度作用。憲法制定實施之後，憲法制定權力繼續在監督，若有必要亦可介入修憲，這也是一種國民主權超憲法的制度在運作。同時，當憲法秩序被破壞，則必須藉由超憲法的國民主權來發動抵抗權，重建憲法秩序，這更是不可缺的超憲法制度運作。

2. 主從關係的制度

　　國民主權顯示在憲法規範中的主從關係，所架構而成的就是民主制度。憲法為了落實國民主權，必然需要規定國民投票制度，使國民必要時可以形成國民意思，決定國家重大事務。國會必須定期改選，由全體國民選舉、監督國會議員。這些都是為了使國民可以經由直接、間接的方式來行使主權，經由在憲法中所規定的民主制度，以形成國民對政府的主從關係。

3. 形成民意的制度

　　國民主權必須設法使眾多國民的意願，經由制度化的運作，而形成共識與顯示決議。現代民主法治國家，保障表現自

由及各種集會、結社自由，就是以制度保障使國民能成為有效作用的組織體。特別是如何確保媒體成為國民的公共財、社會的公器，正確整合國民的意思，促使輿論正當、合法的表現民意，更是制度化國民主權有效運作的關鍵部分，否則選舉過後國民必然成為待宰羔羊。

（二）理論上的意義

國民主權做為立憲主義及現代民主法治國家的基本原理，在理論上產生以下兩點必然具備的意義。

1. 統治者與被統治者的同一性（自同性）

國民主權原理下，一方面國民全體成為國家權力的最終決定者，一方面個別的國民則必須服從國家權力，成為被統治者。理論上兩者合而為一，本質上是相同的系統構造，這就是民主的基本理論。換言之，除非能區分主權者與非主權者，才能形成統治與被統治的關係。民主政治就是因為全體國民擁有主權，無法區分主權者與非主權者，所以形成統治者與被統治者的同一性。一般政治人物常把政府及主政者形容為統治者，把「老百姓」「他們」當成無知的被統治者，甚至以親民、愛

民來自豪，形成主從區隔的統治結構，這就是從根本否認國民主權，也完全誤解民主的基本理論。唯有無法區分，且統治與被統治合成一體的關係，才能在理論上使國民主權原理不至於產生矛盾。

2. 國民與公民的區別

國民是指不分男女老少的所有自然人，公民是指國民之中享有參政權者，兩者不能劃上等號。因為主權包括參政權，但參政權並不等於主權。法律可以規定選舉、參選等享有參政權的年齡、資格要件，但是不能決定誰是主權者。由此可知，主權者的國民及主權有關的權力作用，只有憲法才能規範，甚至有些部分也非憲法所能規範，例如制憲權、抵抗權都屬超越憲法而存在的權力。公民所擁有的參政權、選舉權等，只是憲法規範下主權者參與政治的其中一種型態。各式各樣、各年齡層的國民及主權者，仍有上述各種選舉、參政權之外的方式與手段，可以實際產生主權者對國家事務的決定性作用。

四、國民國家與國家認同

（一）Nation 之概念與國民、民族之關係

國家制度是由「人的集合體」而運作，國家之存在亦是以人的集團之存在為前提，國家之發展更與此一人的集團是否有效結束統合有密切關係。此種國家內部，人的統合關係有稱之為民族，或稱之為國民。於此必須先釐清國民與民族之定義，才可能近一步探討國家與國民或民族的種種問題。

首先，nation 是由拉丁語的「出生」所演變而來的名詞，原本的意義是指「來自於相同出生地的一群人」，與土地有密切的關係。例如，過去歐洲的大學即稱呼來自同一地方的學生集團為 nation。因此，nation 的第一種意義即是指，因各種理由或文化特色而集合在一起的「同鄉」。然而，隨著時代的演變，nation 一詞成為君主制議會或教會議會的代表之稱呼，逐漸顯現出政治上的意義。例如，十八世紀以後所提出的主權論即認為，「主權應屬於 nation」。此時，nation 成為君主、封建貴族之泛稱，指當時代議機關所選定之成員的集合體。[7] 目

---

[7] 參照，渡辺昭夫「国際関係の主体」、衛藤瀋吉・公文俊平・渡辺 昭夫・平野健一郎『国際關係論』（東京：東京大学出版会、1987 年）頁 36-37。

前 nation 的現代意義則是指,「國家領域內,居住的所有人民之集合體」。此時,nation 的意義一方面是指主權者國民,同時也是指國家權力所管轄、支配的對象(subject)國民。

現代有關「國民」(nation)之定義,可歸納出以下特質:I、國民是擁有共同的政治權力、互通的感情、直接統合在固定領域內活動之集團。II、國民是具備一個以上共同點的集團,並以此與其他友好或敵對的類似團體加以區別。III、國民是集結領域內部的小集團、社團、族群而成的大集團,在必要時刻所有大集團成員會顯示出共同本質,有效地對國家奉獻其忠誠心。同時,此一大集團不可能再被其他類似集團所涵蓋或吸引,若非如此,大集團內部將喪失其構成員之忠誠的效果,必然無法克服被其他集團吸收的危機。[8]有關 nation 定義為國民,雖然尚有不明確或互相出入之處,但倘將 nation 與國家相結合成為 nation state,則其國民的特質將更為明顯易見,有關此點容後再加詳述。

其次,nation 若是定義為民族,因為有關「民族」一詞在實際的用法上相當混亂,包括有各種各樣不同之概念;例如,國民、人民(people)、具文化及其他共同性質之集團、族群(ethnic group, community, people)、部落(tribe)、種族

---

[8]　有關國民之定義,參照 Anthony D. Smith, "Theories of Nationalism" 2nd.ed., 1983, New York, 1976, Wisconsin,pp.70. 轉引自,岡部達味「アジアの民族と国家——序說」『国際政治』第八四号、1987 年、頁 2。

（stock）、人種（race）等概念，這些都經常與民族一詞混同使用。事實上，以下所要進一步分析之「國民」與「民族」，在各種語文之用法或翻譯上，幾乎無法區分。當初「國民」一詞英文稱之為 nation、德文為 Nation、法文為 nation，而「民族」一詞的英文則是 folk、德文為 Volk、法文為 peuple。然而，目前英文之 nation 與 people 已分別與國民及民族混合使用，而德文之 Nation 及 Volk、法文之 nation 及 peuple 亦如此。

因此，概念上若以「族群」（ethic group）作為區分國家、社會中的各種集團之代表性總稱，或許有助於一些基本觀念之釐清。所謂族群是指，身體特徵或是語言、文化、歷史背景方面具有共通性之集團。事實上，人類社會最初的集團均是由「血緣」上的客觀因素所構成。如此的血緣集團，由小至大的組成單位分別稱之為家族（family）、親族（kin）、宗族（clan，sib）等，而超越這些血緣集團關係的其他集團，即可統合稱之為族群，包括部族、種族、人種等。其中，稱為「部族」的集團除須有身體特徵及語言、文化、歷史之共通性外，也強調居住地域（部落、村落）的因素，反之稱為「種族」、「人種」則側重於身體特徵此一因素。

由以上論述即可理解，nation 若是定義為民族，則將使所論及之民族，並非單指族群這一層面之意義。其原因在於，「族群」可能分屬不同之民族，而民族則經常包含有各種

族群之情況，兩者在概念上並不相同。此外必需強調的是，國家、社會中族群愈少，則愈容易統合成為民族，反之則較為困難。

　　民族之構成要素的界定頗為複雜，理論上主要可區分為自然因素與精神因素。前者包括人種、語言、居住地域等因素，而後者則包括宗教、風俗、習慣、文化、經濟、歷史命運等因素。[9]然而，縱使具備以上某幾項因素亦未必能形成「民族」；反之，不具備其中某些因素亦非不可能形成民族。舉例言之，不可否認地，語言是民族形成之重要因素，但是丹麥與挪威雖均使用相同之語言，卻形成不同之民族。與此相對地，猶太人全然無語言上之共通性，卻成為同一民族。再者，目前使用英語的集團亦不在少數，但這些集團也絕無可能形成同一民族。[10]宗教因素亦是如此，某些民族之所以具有強大之凝聚力全因信仰共同的宗教，例如大多數回教國家即是如此。但同為信仰回教的巴基斯坦與孟加拉，卻因為居住地分隔仍無法凝聚成為一個民族。由此可知，民族構成的因素主要雖可歸納出語言、地域、經濟生活、文化、性格（歷史、命運）等範疇，但實際上卻因各種人類社會後天性的相互作用，而改變種種先天性因素。

9　參照，渡辺宗太郎〈国家の形成についての考察〉《帝塚山大学論集》創刊号、1970 年、頁 167。

10　有關民族構成之因素及其爭論，參照，丸山敬一〈民族の定義をめぐって〉《現代世界と政治》（京都：世界思想社、1988 年）頁 117-137。

綜合以上有關國民與民族之分析，兩者之間無論是在使用方面或定義方面，均有不易明確及區分的部分。然而，若由「國民」與「民族」、「國家」、「主權」之相互關聯性加以探討，則可更進一步釐清兩者間之不同意義。例如，民族經由長期之努力或覺醒，終至達成願望成立國家的同時，民族與國家結合為一，即成為「民族國家」亦即「國民國家」。如此一來，國民與民族即合而為一，其意義應該完全相同，但是也有例外，例如不適用於以色列國民與猶太民族。除此之外須另加說明的是，「國民」一詞是與國家主權有著密切關聯之用語，而「民族」則可單獨就歷史、文化等層面而分別有不同之用法及意義。例如，中華人民共和國境內有西藏人、蒙古人、維吾爾人、一般均以少數民族稱之，絕不會使用「少數國民」的語詞，因其意義中並不含有「主權」的意涵。另一方面，有關美國國民的用法，一般均可明確理解其係指美國的主權者而言，但是美國是民族的大熔爐，若使用美國民族一詞，則必須加以特別說明，否則實無法令人理解其所指民族為何。此即國民與民族在使用時之微妙差異。

　　因此，nation state 翻譯時使用「國民國家」比使用「民族國家」適當。因為國家大部分是由各種民族組成，在憲法制度、權力運作下，國民已取代民族成為國家之主體，國民與國家內部的各民族在意義上有所差別，故中文才會企圖使用「國族」取代「民族」。然而，國族與國家結合使用成為「國族國家」

時，又比使用「國民國家」不妥當。因為，過去君主專制時代，受到儒家思想與傳統文化的影響，國族一詞與「家長」、「戶主」、「家督」等封建家父制度之稱呼有密切關係。一方面，國族一詞只有集團的概念，國民一詞則有集團與個人的雙重概念，適合現代國家個人尊嚴主義之用法。例如，國民的權利、國民身分證，若使用國族的權利、國族身分證，明顯不妥當。如果涉及國籍、公民等現代公法、國際法概念時，使用國族的國籍顯然也格格不入。故 nation state 翻譯時，使用「國民國家」應為最佳選擇。

反之，nationalism 翻譯時使用「國民主義」並不適當，使用「民族主義」則比較妥當。因為一般論及 nationalism 時經常與感情、宗教、文化及針對與異民族之區別有關，nationalism 時常會導致極端性的情緒，使得表述並定義 nationalism 極為困難。再加上 nationalism 一詞，概念上會涉及以政治活動（或涉及武力及暴力）支持 nationalism 的主張，其中或包含民族分離主義、民族一統主義、以及排外敵視其他民族的行動，在極端的情況下甚至包含「種族恐怖主義」。況且，nationalism 造成衝突所產生的負面結果，例如，種族衝突、戰爭與內政上的衝突，其原因都會認定或歸結至 nationalism 本身，導致一般觀點都會以民主法治的對立面看待 nationalism。政治學以及媒體，也傾向使用這些極端類型作為 nationalism 的定義。因此 nationalism 若使用現代民主法治之國民概念，將其翻譯

為國民主義顯然格格不入，翻譯時使用「民族主義」比較能正確表達其概念。

（二）國民國家（Nation State）與主權、國民、國民主權之關聯性

國民國家（nation state）是現代人類社會中最重要的構成單位，所謂的國際關係所指的，主要即以此一基本單位的相互作用關係。國民國家是由「國民」與「國家」這兩個個別的概念，加上主權的因素結合而成。近、現代國際社會的主要特質，即是如此的主權國家並立而相互競爭的狀態。現今，任何的地域若未能確立國家主權，則必受到其他主權國家之介入而成為從屬、依賴的地位。況且，目前的人類社會，實仍無法架構出較國民國家更能維持主權獨立的政治組織。因此只要是國家，無不努力在其領域內形成國民的共同體。過去一些經由殖民地運動而獲得獨立的新興國家，即付出多重心血代價，努力要在自己的支配領域內，創造出國民共同體。[11]總之，現代國家若無法於其領域內形成國民共同體，則對外既無法獨立，其內部亦可能因分離獨立運動而分裂。

---

[11] 岡部達味，同注8，頁3。

國民的形成因素有感情、意識、意志等主觀因素，亦有語言、文化、居住地域、經濟、歷史經驗等客觀因素。一旦這些主客觀因素成熟，且表現出同一的國民意願時，國民國家即自然形成。故，國民國家的形成可說是，因為同一生活圈、文化圈、溝通圈下之人民，表現出其接受特定集團（國家）之特有規範與統制的決意，且對此一集團存有歸屬感及忠誠心，使得內部能逐漸統合為同一集團。如此經由長時期孕育而形成的國民國家，一般稱之為「由下而上形成之國民國家」。此一型態的國民國家，因國民已先於國家形成或同時形成，相較之下，其內部的統合與民主化必然穩定發展，以西歐為主的近代國民國家即屬此一型態。

　　二次大戰後，大部分自殖民地統治體制獨立的新興國家，其領域內部的各種住民集團或族群未能在國家形成前，凝聚其感情、意識、意志等主觀因素，亦未能在語言、文化、經濟等客觀因素上相融合，與上述「nation-state」不同，而屬於先有國家再進而努力創造出國民的「state-nation」型態。此一型態國家為維護其主權的獨立及內部的統合，必然致力於國民的創設（nation-building）。國家之領導及核心階層必須設法使國民在文化、語言、生活等各方面有一體感，並強化國民對國家之情感與忠誠心，以形成命運共同體的國民（nation），維護國家權力之統一性與正當性，因而一般稱之為「由上而下促成之國民國家」。反之，新興國家在形成命運共同體的國民過程中

如果失敗，則國家內部必然分裂，導致一部分國民分離獨立，建立新國家。例如，巴基斯坦由印度獨立、東歐國家的分裂等等，都是凝聚國民共同意識失敗所造成的結果。

（三）國民國家（Nation State）與兩岸關係

當前國際社會雖有歐盟的統合趨勢，但世界各地亦持續有不同的分離獨立運動在進行，如此的態勢更顯現出國際關係中的主體仍是主權國家。國家主權倘未能確立，則該當區域或國家非但無法在國際社會中與其他國家競爭，甚至連自身的存在亦無法維持。一方面，國民國家也是各種國家組織中，最能維持主權獨立的型態。唯有國家內部的國民統合為一體，形成強而有力的國民共同體，才能強化主權對抗任何外來勢力。

臺灣是四面環海之島嶼，居民大多數都是為了改變命運追求希望，遠離中國大陸移民而來，應該有自然形成國民之條件。六十多年來，中國國民黨政權統治下的臺灣若能致力於內部「國民」的創設，毫無疑問的，今日臺灣的國際地位將更明確且穩固。然而國民黨政權卻反其道而行，撤退來臺灣以後，一方面以反攻大陸為由實行戒嚴統治，在臺灣內部不僅未能由上而下推動「國民」的形成，反而以中國人、中華民族為核心

價值，結果是強制推動「中國」國民國家之形成，使得臺灣人在國家認同上造成混亂。一方面為了維持政權，對內又刻意分化閩、客、外省、原住民等族群，也是臺灣國民無法形成的主要原因。[12]

　　中國之成立與多數二十世紀新興國家一樣，同樣是先建立國家再面臨國民創設之問題，近代所提出之「中華民族」概念，其實就是「國民」的概念。[13]因此，自中華民國政府成立乃至中華人民共和國政府取而代之發展到現在，中國的「國民創設」仍持續努力進行中。然而，國際社會早已普遍承認中華人民共和國是中國之唯一合法政府。在此情況下，中華民族的定義若是等同於「中國的國民」，則中華民族的構成員即是接受中華人民共和國此一國民國家統合的「國民」。中國國民黨政權長此以往不停灌輸臺灣人民中華民族意識之作法，毫無疑問地就是協助中華人民共和國完成國民統合，否定自身成為國民國家獨立生存之行為。再者，中華民族一詞若不是「國民」之概念，也不是與國家、主權有關之「民族主義」（nationalism），則國民黨政權推動認同中華民族之作法是否與推動人種（族

---

[12] 有關臺灣族群問題，參照，吳乃德〈搜尋臺灣民族主義的意識型態基礎〉《臺灣政治學刊》（創刊號，1996 年）頁 3-39；游盈隆〈臺灣族群認同的政治心理分析〉，同，頁 41-84；黃昭堂〈台湾の民族と国家〉《アジアの民族と国家》（東京：国際政治第 84 号、1987 年）頁 62-79。

[13] 參照，岡部達味〈東アジアにおける政治統合と分化──「一国両制」をめぐって〉、平野健一郎・山影進・岡部達味・土屋健治《アジアにおける国民統合》（東京：東京大学出版会、1988 年）頁 110。

群）認同的行為並無二致，實無助於臺灣國民國家之創設，又何況臺灣內部事實上已有不同的人種（族群）存在。換言之，中國國民黨政權非但無視其本身早已喪失代表「中國」合法政府的事實，仍堅持以「中國」自居，甚至與中華人民共和國互相唱和一個中國，推動中國的國民統合。如此一來，現實上造成臺灣人對國家認同的危機，完全迷失其忠誠心歸屬的對象何在。尤有甚者，國民黨政權對於促進臺灣內部由下而上形成「國民」的趨勢，反而以公權力予以打壓及分化，誣指為族群性、地域性的分離獨立運動。於此情況下，臺灣追求主權獨立之國民國家如何建立、如何形成？

當前，面對國際地位孤立之窘困與中華人民共國併吞臺灣之壓力下，臺灣應以創設國民國家為前提，統合閩、客、原住民、「外省」等族群，建立能與中華民族（中國國民）區別、不受吸收之「臺灣國民」。唯有如此，才能孕育並確保國民忠誠心，以及命運共同體之情感聯繫，使臺灣「國民」之上無法存在其他任何統合的群體集團。

同時在國家定位與建立國家方面，戒嚴時期以合法政府對抗匪偽政權為號召，當然排除臺灣脫離中國，建立國家之可能性。九零年代以後，繼續維持中華民國舊中國政府體制的情況下，忽然對內自稱中華民國在臺灣已成為獨立國家。[14]

---

[14] 有關臺灣國家地位及中華民國體制之論述，參照，許慶雄〈臺灣參與國際組織的國際法理論〉《臺灣國際法季刊》（第 8 卷第 4 期，2011 年）頁

但是對外仍然不敢主張與中國是不同國家，從來未宣布獨立，外交方面也未要求國際法上國家承認。九零年代兩岸開始交流之後，臺灣人去中國自願成為中國國民，向中華人民共和國政府申請中國臺灣地區同胞證（簡稱台胞證），進一步融入中國國民體系，當然阻礙臺灣國民形成空間。目前臺灣繼續維持中華民國的中國舊政府體制，毫無意願建立新國家的現狀，必然導致臺灣「國民」或「國家」之創設與形成，雙雙陷於重大困境。

　　以上，就臺灣目前所面臨之主權、國家認同、國民（nation）等概念及其相互關係加以分析的結果可明確指出，臺灣應該建立一個獨立的國民國家。然而，長久以來，由於中國國民黨政權的誤導，使得臺灣人民不斷懷疑、誤解、甚至反對臺灣成為國家而不自知。如此一來，使得臺灣人民無時無刻生活在恐懼與不安中，對前途完全失去信心，對下一代亦無法承擔責任賦予希望。近來，中國國民黨政權變本加厲推動兩岸經濟統合，甚至與中華人民共和國隔海唱和，提出一個中國之主張，等於是積極鼓舞北京併吞臺灣之企圖心，使得過去臺灣僅處於被國際社會孤立的情況，更進一步發展成面臨生存危機之險境。[15]

25-70；許慶雄〈中華民國之法地位──兼論臺灣之統獨爭議〉許志雄 蔡茂寅 周志宏編《現代憲法的理論與現實──李鴻禧教授七秩華誕祝壽論文集》（台北：元照出版社，2007 年）頁 3-24。

[15] 參照，許慶雄，《臺灣的國家定位》（台北：知英文化出版，1995 年）頁 11-15。

五、東亞國民國家（Nation State）之形成與型態之分析

（一）日本國民國家之形成

日本早期雖有不同族群存在，然而因為是島嶼國家，在四面都由海洋封閉之情況下，較容易形成國民在語言、文化等一致共通的客觀因素。明治維新之後，吸取歐洲先進各國的立國經驗，再加上來自歐美勢力的威脅，自然的使國民的共同意志、歸屬感、忠誠心等主觀因素強化，是亞洲最早穩定形成的國民國家。日本主要族群稱為「大和族群」，所佔比重若以目前觀之，已佔 98%以上。琉球族群過去雖然與本土族群在文化、語言上有區隔，經過明治維新同化政策的影響，目前已非常近似或融入大和族群。此外，北海道雖有獨特的愛奴族群，但因為勉強能區別出來的只剩下二萬人左右，日本政府反而以政策強力維護其族群意識與文化傳統。[16]

---

[16] 愛奴族（Ainu race）又稱蝦夷人，一八六九年日本宣布將蝦夷地區改稱北海道，正式併入日本領土的一部份後，愛奴族就開始成為被壓制、差別的對象。有關愛奴問題，參照，中村睦男「アイヌ特別立法の成立とその展開」，杉原泰雄等編『和平と國際協調の憲法學』（深瀨忠一教授退官紀念）（東京：勁草書房，1990 年）頁 327；北海道大學アイヌ・先

因此日本是由長期演變融合在一起的族群所形成的國民，在面對外國勢力影響下，自然形成國民國家。戰後，日本完全廢棄戰前的君主專制體制，實行民主制度與法治主義。國家政治權力運作、政府組織設置目的，都是為保障國民之生命、自由、幸福及基本人權。因此，日本政治運作已成為保障基本人權的一個過程，與西方民主先進各國並無二致，其理念與目標亦相符。由此觀之，經由民主法治運作過程，日本已成為由下而上的國民主權國家，是結合國民的主、客觀因素，再加上民主、人權、命運共同體的現代國民要件，所建立的「國民主權國家型態」。

（二）切割的朝鮮國民國家型態

　　朝鮮族群分布於朝鮮半島及中國東北。[17]朝鮮王朝時代，原來存在著以地域、血統為主所形成之各種族群，日本殖民時期在高壓統治與強制同化下，反而促使各族群逐漸形成反抗殖民統治的共同意識。因此，朝鮮族群在海內外的領導者與各

住民研究センター編《アイヌ研究の現在と未来》（札幌：北海道大学出版会，2010 年）頁 24-26。

[17] 中國境內朝鮮族群主要分佈在中國東北的吉林、遼寧和黑龍江三省，2000年人口為 192 萬左右。

團體，都認為可以在結束日本殖民統治之後，在朝鮮半島建立統一獨立的國家。

然而，戰後分別由美、蘇佔領的朝鮮半島，卻因為內部政治立場的對立與外部國際情勢的影響，分別於 1948 年建立大韓民國與朝鮮民主主義人民共和國。[18]經過 60 多年的發展，朝鮮族群因為沒有成立一個共同國家，導致國民的建設無法進行。一方面，在成立不同國家的情形下，朝鮮族群反而分別形成大韓民國國民、朝鮮國民與中國國民，在政治、經濟、意識型態上朝鮮族群已完全失去共通點。因此，在血統、語言、文化上原來具有共通客觀因素的朝鮮族群，卻因為國家的差異使思想、理念、意志等主觀因素分歧，反而被切割成為三個不同國家的國民。由此可知，族群在形成國民的過程中，若沒有以國家為主體繼續結合形成國民，反而是分別參與建立不同國家的情況下，也會被切割分斷。「民族主義」由朝鮮族群觀之，顯然無法對抗國家所形成的「國民」區隔意識。朝鮮半島的朝鮮族群本來有成為 nation to state 的機會，結果卻反而成為 state to nation 的狀況，導致族群分裂成為不同國民國家之型態。

---

[18] 鐸木昌之《北朝鮮》（東京：東京大學出版會，1992 年）頁 17-19。

（三）形成過程中之國民國家～中國

　　中國如果由近代王朝觀之，統治者都是以族群為中心，形成統治階級統治著異族群。元、明、清分別由蒙古族群、漢族群與滿族群所統治，形成異族群所建立的帝國，完全沒有建設形成現代國民的空間或意圖。孫文發動革命推翻大清帝國之後，一方面成立共和國，一方面也提出五大族群形成國民（五族共和）的主張，致力於建設現代國民國家。然而，因為名稱上使用「中華民族」，形成民族與現代國民概念之脫勾，導致族群、民族、國族、國民之中文概念至今未能釐清。事實上中華民國憲法第五條規定：「中華民國各民族一律平等」。中華人民共和國政府也明訂，中國境內有 56 個民族。所以民族在中文之用法應與族群同義，同時中華「民族」應指中國「國民」。中文若要使用「中國民族主義」，也是指中國所有民族所結合而成的「國民（或國族）」，否則就無法解釋內部各民族目前持續存在的民族矛盾。

　　中華人民共和國政府成立之後，強調以社會主義對抗帝國主義、資本主義，並以成立少數族群自治區方式，強調賦予各族群自治、自主，以化解中國內部族群矛盾。[19]然而，經過六

---

[19] 但是歷史資料顯示，1931 年 11 月 7 日公布的中華蘇維埃共和國憲法大綱，主張：「中華蘇維埃政權承認中國境內少數民族的民族自決權，一直承認到各弱小民族有同中國脫離，自己成立獨立的國家的權利。蒙古、回、藏、苗、黎、高麗人等，凡是居住在中國的地域的，他們有完全自決權；

十多年的發展，中國內部族群仍然無法形成命運共同體的國民，國民建設仍在摸索之中。[20]例如，新疆維吾爾族、西藏藏族、各地區的回族、壯族仍經常發生與漢族的對抗衝突，若再加上港、澳與臺灣族群，則情況更為複雜。因此中國的國民建設，不但存在著尚待解決的棘手問題，中國民族主義也經常被北京政府運用至對付國內、外的敵對勢力。[21]中國內部族群矛盾與國民建設之障礙主要來自以下因素。1、地理上因素：漢族以外之少數族群，都分佈於不同地域及邊陲地帶，北京政府雖然有計畫的移住漢族，然而至今少數族群仍在當地佔有相當比例。2、政治、經濟分配不公平因素：人口佔九成四的漢族群，幾乎掌握中國的政經優勢地位，形成對少數族群的強勢壓迫。3、差異的語言、宗教、文化因素：北京政權企圖融和族群，形成命運共同體的國民意識，過去曾以三反、五反、文化大革命等全國性運動，暫時得以結合各族群，但是卻無法形成強而有力的國民共同體。尤其是改革開放之後，因為開發、經濟資源分配不均所造成的矛盾，甚至擴大到族群以外的一般民眾之中，阻礙國民的建設。[22]

加入或脫離中國蘇維埃聯邦，或建立自己的自治區域。」

[20] 毛利和子〈中国の少数民族問題〉《社会主義とナショナリズム》（東京：国際政治学会編、国際政治第 65 期）頁 61-62。

[21] 近年來，中國政府民族主義的矛頭主要有二：一是，曾入侵中國的國家；如日本，領域爭端的國家；如越南、印度。一是，藏獨、疆獨、台獨、民主運動和法輪功等內部敵對勢力。

[22] 有關中國族群矛盾與經濟資源分配不公平，參照，佐々木 信彰《多民族

由此可知，中國雖然對外已建立強大國家型態，但是內部的國民建設仍然在持續中。特別是共產黨獨裁下，主權歸屬國民與人權保障部分的進展緩慢，使民眾的認同感及忠誠心無法形成，中國成為現代國民國家的目標仍遙不可及。因此中國屬於形成中之國民國家型態。

結語

Nation 與 nationalism 有不同概念，隨著時代發展也代表不同意義，再加上中文、漢字的翻譯及習慣性用法，使其定義更為困難。Nation 若與 state 結合，國家內部又有形成以國民主權為基礎的國民共同體，則使用國民國家定義較明確。因此 nation 之漢字用「國民」較能正確表達。例如，美國國民、日本國民較美國民族、日本民族在用法上接近正確表達。

Nation 若與感情、宗教、文化、意識結合，則 nationalism 之意義以民族主義用語較正確，用國民主義則有落差，現代國民國家之國民與 nationalism 很難有正面接點。Nation 若單獨

国家中国の基礎構造──もうひとつの南北問題》（東京：世界思想社、1988 年）頁 65-102。

使用，則有可能是「國民」，也有可能是「民族」之概念。若形容國家內部，nation 對內、外之影響及權利、權力關係，則國民之定義較妥當。若國家尚未形成國民的主導地位，各族群尚未成為與國家密切結合之狀況下，則使用民族也有其必要性。特別是 nation 尚未創設 state 的狀況下，更難使用國民來表達。例如，臺灣民族可以使用，但使用臺灣國民則顯得格格不入。因為既使有臺灣 nation 形成，尚未創設國家之前，如何定義臺灣國民，此時臺灣民族之用語才能正確表達 nation。

　　兩岸關係方面，中國如果要成為現代化國家，就要推動民主化、注重人權、讓國民掌握主權，如此才能形成現代國民國家。目前只靠政治運動、強制推動民族主義是不對的，但是看起來共產黨好像沒有意願朝此方向前進，民間也沒有空間與可能性，由下而上形成國民國家。臺灣好像有可能性，社會也不斷朝這方面發展，但是因為誤解國家與主權、民族等觀念，所以再怎麼努力也徒勞無功。臺灣沒有國家地位，也未創設不可能再被中國 nation 所涵蓋或吸引的臺灣 nation，缺乏這兩個要素，目前無法成為現代化國民國家。

CHAPTER 6

國民主權、權力分立
與政府體制

一、國民主權與議會代表制

　　所謂國民主權，簡單來說，就是國民掌握國家最高、最終的權力，其具體落實在政治層面時，主要包括以下四個層面：

- 國民是國家最高法規範「憲法」的制定權力主體，憲法的制定與修改，都必須由國民做最後的決定。
- 國家的立法機關「國會」，必須經由國民定期選舉所產生、並且持續反映民意的代表所組成。
- 法律（包括廣義法律的國家預算、公共政策決定等）雖由國會制定，但必須是基於國民的意願、保障國民權利與符合國民的需求。
- 任何公職人員，其職位都必須是基於國民的同意而來。

　　當然，國民主權的概念，並非上述簡單數語就可說明清楚。但基本上，要談國民主權，首先必須在主權國家的前提下來討論，兩者密不可分。因為所謂的主權，就是國家行使統治支配活動的權力，此一權力支配必然有範圍與界限，主要即顯示在領土主權與對人（國民）管轄權上。具體來說，就是在涉及主權的行使時，對外具有獨立自主性，不受他國的干涉，對內則具有最高性。例如像香港，過去是英國的殖民地，目前則由中國接收管轄，對外無法獨立自主，對內也沒有屬於本身的最高權力（即無論是法律制定或政治組織等，皆須受中國的最

高當局最終決定），故不能成為主權國家，更無探討國民主權的餘地。

其次，任何一個主權國家，也都必須要探討其主權歸屬的問題，如果是掌握在君主（或少數人集團），就是君主主權的國家；如果是掌握在國民，則稱為國民主權的國家。唯有主權歸屬於國民，才能探討國民如何掌握、運作主權。

（一）國民主權理念的歷史沿革

人類文明社會進入近代之後，由於國民國家（nation state）的組織形成，使主權的歸屬，成為關係國民生活與權益的重要探討問題，並在歷經兩、三百年人權思潮的發展後，國民主權甚至已成為現代憲法的「最」基本原理。換句話說，就是唯有透過國民主權所制定的憲法，才是符合立憲主義的憲法，也才是具有正當性基礎的憲法。例如，十八世紀末的立憲風潮中，美國維吉尼亞州的權利宣言規定，「所有的權力屬於人民，也源自於人民」，法國人權宣言則規定，「所有主權源自國民，任何團體及任何人，其權力若非來自國民，皆不得行使之」。

但是，既然主權並非像過去君主專制時代的歸於君主，而是由全體國民掌握，國民又是眾多人的集合體，其意思表達或

決定並不容易形成及確認，則國民主權也就立刻變成一個抽象存在的概念，行使上也不再像君主主權般的明確、具體，因此必然要透過行使制憲權實施間接民主制，將國家權力委由憲法所創設的權力機關，例如立法、行政、司法等機關來代為行使。其中必須定期由國民改選「國民代表」所組成的立法機關（議會），並由其不斷形成最新國家意思決定等機能，也就成為落實國民主權的重要型態之一。因為畢竟國家的事務極多，技術上不可能都一一的探查「全體國民」的意思來行使決定權力，必須經由代表來間接行使，因此間接民主的「代表制」成為必然要件。但是如何使全體國民的意思與代表的意思相互結合，卻是另一個棘手的問題。因此在具體落實上，國民主權理念與（議會）代表制的關係，主要又可分為三個歷史過程考察：

1. 形式上的國民主權

形式上的國民主權又稱議會菁英代表制。即國民國家形成初期，為了對抗君主主權的專制獨裁與否認其統治權力的正當性，因而提出的「國民」主權。但現實上，在當時並無任何制度或拘束力，使抽象的「國民」與「代表」之間必須有同一性與一致性。雖然議會是由選舉產生的代表所組成，該代表們「暫時」（未改選前）獲得國民的委託，並得藉國民之名而自由行使自己評價的立法權，但是此期間，國民對於代表

並無任何拘束力與影響力。另外，由於實施「限制選舉制度」的關係，權力實際上仍掌握在貴族、菁英分子、革命領袖、擁有投票權的中產市民階級手中，實際並非由全體國民掌握，故稱之為形式上的國民主權。由於此階段中，國民代表的權力在任期中可謂「毫無限制」，唯有依賴逐漸發展形成的權力分立、議會兩院制、陪審制等其他機制，才能夠多少調節其弊端。

2. 具體分割主權的人民主權

人民主權主張主權擁有者的人民（people），是具體存在參與契約的公民權者，並非抽象不能實際作用的「國民全體」。因此，即使有必要實行議會制度，其組成的代表，必須受其選民實際法的拘束（即代表須依選區選民的「訓令」行使職權）。換言之，人民不但可要求代表必須與其意思一致，並可隨時取消其資格（罷免權），於是主權在此具體「分割」，由所有人民分別掌握，並可委託給選出的代表去行使。但這種過度強調人民決斷與力量的制度，除現實上種種不利環境（如資訊流通與專業知識）難以行使外，並且容易使議會內的代表，淪落為專替其選區選民爭取權益，而不能以國家整體利益來思考、判斷的代表。議會無法以整體利益考量，造成國家的民主制度淪為利益瓜分、效率不彰，甚至爭議不休混亂不安的現象。

3. 實質的國民主權

　　實質的國民主權，亦即源自於主權不可分割的前提，每位代表必須是全體國民的代表，而非各選區的代表。因此各選區選民對選出的代表並沒有法的拘束力（例如因代表表現不佳，而罷免其資格的權力），以避免代表只為選區爭取權益，忽略國民全體的利益。此外，隨著資訊科技的發達，直接民主的運作亦得以廣泛使用，國民投票盛行可以彌補間接民主（議會代表制）運作的不足。此時議會代表的存在意義是，歸納選舉期間所形成的一致性民意後，反映於議會運作上，並依專門知識（包括專家見解）處理政策決定。至於選舉期間，民意未明確或無一致性的問題出現在議會時，應廣泛體察現實民意，代表的決議絕對不能違背憲法、真理、事實或選擇不合理的方向立法。換言之，議會的意思決定，絕對不能違反民意，[1]否則就必須向國民說明，國民亦可追究其責任。包括要求解散國會，承擔法律責任，或於選舉中予以「審判」，使其承擔政治責任等。

---

[1]　國民主權必須設法使眾多國民的意願，經由制度化的運作，能夠形成共識與決議。現代民主法治國家，除了保障表現自由及各種集會、結社自由，以制度保障使國民意願能表達之外，特別是如何確保媒體成為國民的公共財、社會的公器，正確整合國民的意思，促使輿論正當、合法的表現民意，才能促使國會議員依照國民的意思有效運作國會權力，否則選舉過後國民必然成為待宰羔羊。國會做為國家唯一代表民意機關，國會議員代表全體國民職責重大，行使職權時應該依據國民的意思及以下順序判斷。首先是國家安全、國家利益、全體國民福祉；其次是如何制衡監督行政機關，落實權力制衡；最後才能考慮黨派立場。

惟在此必須注意的是，國會是國民代表的機關，但國民全體原就是一個多元，且各種利害關係交錯的複合體，國會內的意見難以統合是必然的現象。因此，有關代表民主制的運作基本原理，就成為學理上必須一再研究發展的重要課題。

（二）代表民主制的基本原理

1. 形成正當的代表關係

主要表現在選舉制度與選舉過程上。包括選舉制度必須符合直接、普通、平等、秘密及自由等原則，選舉過程必須做到：①公平公正的劃分選區與定額數（選民數）票票等值，②淨化選舉，不受金錢污染，③配合自由開放的社會，例如資訊流通的公平與人權保障的充分等。如此，才能選出與國民意見及社會實態吻合的國民代表，並組成國會。

2. 理性討論的議會

議會制的本質與意義，就是將國民中多元且複雜的利害關係與意見，導入議場內調整、統合，在意見衝突時，能透過對話與協調，尋求出妥協點的可能性，以利法律、政策等順利推

行。因此，理性討論的前提，原就是容許意見的多元性，並強調尊重少數意見與交涉機能，以便形成錯誤最少的多數意見，亦即所謂理性與說理的「理之政治」。民主政治應該以「全體共識」為目標，以不必表決、對決為最高原則。如果只強調「少數服從多數」、「數之政治」的多數決，各黨派停止對話與尋求共識，逕行表決隨時在議事中使用，即失去議會存在的本意，這就是典型國會暴力之一的「多數暴力」。少數為了對抗此種暴力，有權運用「議事妨害」，例如長時間演說、各種程序發言、記名投票的「牛步戰術」等杯葛手段，甚至退出議會。此時多數派不能單獨開會，議會必須空轉，全體國民必須關切重視，以反映最新民意，對議會形成影響力。

3. 多數更換的可能性

民主政治反映在議會中，就是要讓執政的多數黨，必須隨時因應民意的需求做調整，若任意違反或疏忽民意，而且與民意脫節，就會在選舉時面對政權交替的苦果。同理，在議會的運作中，也必須賦予少數意見有成為多數的可能。其前提要件除了上述的理性討論原則之外，就是「國民要成為賢明的政治判斷集團」，時刻關切議會爭論的焦點，並自主判斷與表達意見，使議會整體必須隨時與民意有所互動，使少數、多數並非固定化。當然，這些更有賴民主政治制度正常運作，充分保

障言論、出版、集會、遊行、結社等人權，具備獨立客觀的公共媒體，參政權落實等整體憲政制度的配合。

4. 保障直接民主制為取代議會代表制的基礎

「代表制」就是，民主制度的國民主權本應實行直接民主制，惟國民因種種因素不易也不利於經常直接運作，故平常只能實行間接民主制，才有「代表制」的設計。因此在代表制有紛爭、對立的狀況時，最後必須由全體國民直接運作解決，也就是全民表決的國民投票制度。換言之，確立並維持在必要時，隨時得以付諸直接民意的國民投票政治運作，是制衡代表制的基本要件。

二、權力分立原理

權力分立（separation of power）是探討現代立憲主義的政府制度，首先必須理解的重要理念。現代國家及其政府組織存在的目的，都是為了保障國民的權利，因此為了防止權力集中進而侵害國民權利，即逐漸發展形成權力分立體系。

事實上，權力集中才能「有效率」的運作是很明確的道理，然而權力必然會使人腐化，權力必須有監督制衡才能維持健全運作，這也是歷史的經驗。前近代的獨裁專制固然如此，二十世紀的現代國家未實行權力分立，也都可以證明權力必然會腐化。納粹德國時期，假借所謂「授權法」，把國家權力集中授權予統治者，結果造成軍國主義侵略戰爭的災禍。社會主義國家為追求公平分配資源的理想，實施所謂「民主集中制」，號稱民主實際上卻是落實權力集中，結果也是失敗。

　　一七八九年法國人權宣言第十六條明確指出，「一個沒有權利保障，沒有權力分立的社會，就不能說是有憲法的社會」。由此可知，一個現代國家的政府組織，若未以權力分立為基礎來架構，就不能說是立憲主義的民主法治國家。

　　然而，何謂權力分立，卻也經常有很多誤解與認知。例如，常有人誤認為國家權力應屬不可分割的一整體，才能使國家強而有力。固然國家本質上有不可分割的部分，主權、制憲權、國民意識等，都應該是不可分割的一整體，國家權力理論上也應為一整體，但是國家權力分別由國民及不同機關掌握，使其運作與功能分立，並未破壞國家的整體性，也不會使國家分裂或被切割。

　　一方面，所謂「古典權力分立」論者，亦以嚴格的標準認為，內閣制使行政與立法結合，違背權力分立原理。但是權力

分立的重點是在於如何防止權力集中、濫用，使權力機關之間互相監督制衡，並非一定要明顯的切割、分離各個權力機關。事實上，現代的權力分立理論之重點，應該是如何使國家權力運作避免集中，以確保基本人權。因此權力分立是相對於權力集中的一種理念，如何能有效防止權力集中，互相監督制衡才是重點所在，分割或分立並非檢驗權力分立的唯一基準。若只是明顯分割權力，使權力之間無法互相作用、協調、依存，反而喪失權力分立所要追求的基本價值。

最後，權力分立也不能直接的與三權分立劃上等號。三權分立是政府體制架構的重要原理，也與權力分立自從洛克、孟德斯鳩以來一脈相承的理論發展有密切關係，當然是權力分立論的核心部份。但是論及權力分立時，除了中央政府體制的三權分立原理之外，中央政府與地方政府間，因權力劃分所形成的制衡關係，兩院制的國會，或是行政委員會與行政機關等等分權型態，都是三權分立內、外體系的各種權力分立關係。

另一方面，如果由權力的「作用」來看，單是「立法」權的作用就由複數機關分別運作，並非專屬國會。例如，廣義的立法甚至涵蓋「最高法規範」的創設，再依其設置立法、行政、司法機關，此時的「立法」指的是制憲權，應屬國民主權「作用」的範疇。即使是指憲法之下一般法律的「立法」權，也分由各機關運作，並非全屬國會權限。例如，司法機關為維持獨立，原則上其內部運作的審判、訴訟規範等應由其自行制

定；重大法律案及地方性特別法，應由全國公民投票或地方居民投票制定；都顯示「立法」權是分別由各機關運作。

由以上分析可知，三權分立只是權力分立中廣為熟知的一種型態，並非等於權力分立。同時，立法、行政、司法「機關」互相制衡，也是三權分立中的主要型態，並不等於立法、行政、司法「權」的全部制衡作用。

以下試由幾個不同角度，探討權力分立的意義：

（一）由權力的「均衡關係」探討權力分立之演變

過去在君主、貴族專制體制下，權力分配如何重組，可以說是權力分立形成的原因。然而經過數百年來的演變，權力分立如何在法理上使各權力維持均衡，進而在實際運作上使其互相平等的有效制衡，仍然是困難重重，繼續在發展演變中。

1. 傳統的權力分立是一種屬於國會居優位的型態

權力分立形成初期，主要目的是集中在如何防止國王、貴族、統治階級侵害國民自由權利。因此，以要求成為「自由國家」，排除、防範國家權力介入私社會領域，或要求成為「民主」國家，由國民實際掌握國家權力為目標。所以形成代表

國民的國會，在國家統治體系中居於優位，掌握主導地位，遂成為必然的趨勢。例如，國會在權力體系中積極的介入行政權，行政機關之活動必須依國會的立法及意思，並須對國會負責，甚至由國會派代表組成行政府，形成內閣制。初期的內閣又稱為「二元化內閣制」，內閣必須同時對國王及議會負責。然而，隨著民主化的發展，國王的權力逐漸消失，變成「一元化內閣制」，由國民選出國會，國會組成內閣，國家權力由國民、國會、內閣直接連接起來，形成所謂「直接結合型」的立法、行政關係，國會優勢地位更為突出。

一方面，初期的司法權既使可以獨立審判，但是對於國會制定之法律並無違憲審查權，憲法解釋亦非由司法機關掌握，如此消極的司法權，根本無法制衡國會。國會在這種權力分立體系中，自然突顯出其優越的地位，形成國會在三權中的獨大型態。

2. 現代的權力分立是一種屬於行政優位的型態

十九世紀末開始形成的現代國家，因為國家功能之變化、政黨政治之形成及國際危機政治之背景下，使行政機關在權力分立體系中，自然的居於主導地位。

首先，本來是為了保障國民自由、自在的生活為前提所形成的權力分立，卻因為資本主義自由經濟體制的高度發展，使資產階層在自由的絕對保障之「社會秩序」下，得以為所欲

為，造成大多數民眾只得到「貧乏的自由」。因此，產生要求國家站出來保障國民權利的社會權，形成福利國家的型態，促使國家的功能發生變化，遂使傳統的國會優位型權力分立，隨之而演變成行政優位型。因為在福利國家中，國民生活相關事項之分析評估，國家財政、經濟發展政策之長期規劃推動，事實上都必須由專業且工作固定之行政文官主導，各種立法案之形成、提出也都轉由行政體系承擔，行政機關的重要地位及影響力擴充，自然形成行政優位型態。

其次，現代國家由於政黨出現及政黨政治之形成，亦促使國會議員成為服從政黨指揮之一員，連帶使原來議會由民選議員代表民意監督制衡行政機關的「同質性」議會，轉變為支持或反對執政黨的「異質性」議會黨團。因此議會監督行政機關的力量被削弱、分化，執政黨經由黨來控制議會中的本黨議員就可以強化行政權，使立法權與行政權「易位」。因為行政機關首長通常都是黨的領導者，所以不只是掌握行政執行權，亦可經由黨體系影響國會黨團，主導國家基本政策及法案的形成，成為行政主導的權力分立體系。

再者，二十世紀的政治環境使國家所面對的危機增多，不論是經濟大恐慌，或是兩次的世界大戰及局部性地域戰爭，或是國家內部的紛爭及社會動亂，都使政府必須具備著高效率的危機對應體制。因此行政機關在權力分立體系中，可以藉由緊急權體制及危機處理過程擴權，形成行政優位型態。

3. 未來權力分立之對應與發展

面對由立法優位到行政優位的演變，權力如何在分立中取得均衡，以防止獨大或優位，仍是現代權力分立理論的重大課題。

（1）強化在野黨的地位

因為政黨政治的運作，使多數黨掌握行政與立法兩權，使權力制衡必須依賴國會中在野黨的比重非常大。因此如何強化在野黨在國會內部運作的機能，使在野黨能與行政機關加上國會中的執政黨團之力量維持均衡狀態，就成為權力制衡是否能發揮功能的重要因素。然而，如何在不違反「多數決原理」下，使在野黨可以在國會運作過程掌握主導地位，發揮制衡行政機關之功能，乃極大難題。特別是在「議會內閣制」之下，或在總統制且執政黨又掌握國會多數的情況下，問題更為嚴重。

首先，監督行政機關的國會調查權（即所謂監察權），應該由國會中的在野黨掌握主導權，少數即可發動國會調查權乃不可缺之部分。其次，保障在野黨在國會中有足夠對抗多數的空間也是重要部份。例如，在野黨缺席情況之下，國會不可強行開會或強行表決。其他如，在野黨優先質詢權、議長超黨派、議事運作中立等都是先進國家已確立的原則。

（2）制度上之對應

　　A、行政機關在政策決定、執行、監督過程中，不應任由
　　　　其專斷獨行。決定過程應由專業化學者專家及民意
　　　　共同參與，公聽會應予制度化。執行過程應委由高度
　　　　中立的文官承擔，嚴格遵守依法行政原則，行政首長
　　　　及執政黨的任意指揮及裁量應受制約。監督過程除
　　　　了由在野黨的國會調查權承擔當之外，亦可設置獨
　　　　立於行政機關之外的行政監查官（Ombudsman）[2]制
　　　　度，有效制衡行政機關的運作。

　　B、成立具有執行權、準立法權、準司法權，得不受行政
　　　　機關指揮，獨立運作的行政委員會。

　　C、擴大國民投票及地方居民投票的範圍及效力，使之
　　　　有效制衡執政黨，防止議會與行政機關的勾結。

　　D、強化地方自治功能，使地方分權更能適當的制衡中
　　　　央行政機關的獨斷。

（3）強化司法權之制衡功能。

　　現代司法權在制衡立法權上已有效發揮功能，得經由違憲
審查使法律無效。但是面對行政權，卻受到「統治行為」理論

---

[2]　行政監察官制度參照，許慶雄『憲法概論～日本政治與人權～』（台北：
　　新學林出版股份有限公司、2013 年）頁 375-376。

影響，使司法權自行迴避無法發揮制衡效果。因此，如何隔絕行政機關對最高法院或憲法法院人事任命權之操縱，是重大的課題。例如，人選應由獨立的「諮詢委員會」推薦，或是經由有效果的國民投票使法官具備民意基礎，都可強化司法機關制衡行政機關的實力。

另一方面，司法權運作過程中，如何使國民參與，例如，「陪審、參審制度」、「國民司法監查制度」的設置等，都可強化司法具備民意的基礎。司法終究是一種使「多數決原理」獲得平衡，有效保障少數者權益，或對少數做一般性個別救濟的最後防線，唯有強化司法才能制衡以多數為後盾的行政獨大。

（二）由統治型態探討權力分立

統治型態主要的部份就是在於如何處理行政與立法之相互關係。一般相對於權力分立的統治型態，就是實行權力集中制。雖然其政府機關也有行政府、國會之區分，但是兩者都必須在指導集團或獨裁者之下，由其統籌運作。如此，雖然有可能在權力作用上達到徹底及迅速，但相對的對其正當與否的制衡力量也完全不存在。立憲主義國家必須實行權力分立制，但是由行政與立法關係觀之，也發展出二種不同的型態。

一是所謂「權力分離型」或「硬性的權力分立」，主張行政與立法必須嚴格區分，互相抑制才可避免權力腐化，其代表性制度即為「總統制」。一是所謂「權力融合型」或「柔性的權力分立」，主張行政與立法應在合作中有效制衡，其代表性制度即為「議會內閣制」。當然，除此之外也有所謂混合制，企圖在以上兩者之間尋求折衷方式或企圖設計不同的制衡關係。以下分別說明之：

1. **總統制**

總統制是指行政權與立法權嚴格分離，互相制衡，盡量避免相互依存或協力的權力分立關係，故又稱為「分離制」。美國是總統制典型的代表，其形成總統制的原因實與十八世紀當時，北美十三州人民對於殖民地時代總督專制集權的反感與戒懼有密切關係。所以美國獨立之後，乃本著「弱小政府」、「地方分權」等理念來架構政府體制，「極端權力分立的國會與總統」再加上「聯邦制的地方分權設計」，遂成為美國政府體制的核心。其主要特徵如下：

(1) 總統必須有廣大的民意基礎，因此由國民選舉產生，並直接向國民負責。

(2) 總統為行政首長，可自行任命閣僚組成內閣，不須國會同意。一般實施總統制的國家多未設置首相，即使設置實際上主宰內閣的仍為總統。

(3) 內閣閣員是總統推動政務執行政策的高級幕僚，直接向總統負責，但沒有與總統抗衡之權力，亦無列席國會備詢之權利與義務。但總統可要求出席國會發言或做施政報告。

(4) 行政機關不可提出法律案，但是對於國會所制定之法律，若認為無法執行或執行上有困難時，得行使否決權（veto power）。此時國會必須以三分之二或其他比例的特別多數決，才能強制總統執行此法律，此為兩者之間的重要制衡關係。

(5) 總統無權解散國會，國會也不能對總統提出不信任案。因此，總統與國會都是直接對選民負責，只有待任期結束後，國民才有選舉投票的機會。

由以上設計可知，總統制因為總統由國民選舉產生，採用總統直接對全體國民負責的方式，因此其權限只有可能被國會牽制，不像內閣制國會在必要時可以倒閣，剝奪首相行政權。是故，行政權在總統制中較居優位，特別是當國會由同一政黨占多數時，總統更能一人獨享行政權與主導立法權，其權限之大曾被形容為國王的威嚴加上首相的權力。

總統與國會之間的關係區分的很明確，一般又稱之為「三無」，即「無國會議席（包括閣僚在內）」、「無責任關係」、「無不信任或解散」。行政與立法之間唯一存在的對抗關係是美國憲法第一條七節二項所規定的總統否決權，國會

必須以「三分之二」多數覆決通過，才能強制總統執行該法案。

總統因為在國會無議席所以也無提案權，唯有運用「立法指導權」來影響法案之成立或內容。其方式是：1、在每年向國會提出的施政報告中，明示所期待制定以配合施政的法案，要求國會立法。2、以黨指導者身份，要求國會中該黨議員或黨團代為提案。3、以「否決權」作後盾與國會交涉，修改法案內容。

美國總統制之下雖有內閣，但是在憲法及法律上並無規定或地位，完全是屬於總統指揮下的行政執行、輔佐機關，無「首相、閣揆」之設置，亦不須面對國會之制衡。

2. 議會內閣制

內閣制是英、日等傳統君主專制國家，在轉變為國民主權國家的過程中，逐漸演變形成的制度。最初稱為「君主立憲內閣制」。君主權力不再是絕對，必須受憲法制約。但是君主仍然可以任命內閣，亦可以制衡或解散國會，擁有極為突出的權力。國會由人民選出，雖然不能對抗君主，但是卻可監督內閣。內閣在憲法上既無地位，在實際上亦必須承擔來自君主與國會的指揮監督，成為無權且承受二元化權力支配的機關。所以初期的內閣尚無法稱之為權力分立體系中的一部分，只是君主與國會對抗下的待罪羔羊。

第二時期稱之為「議會君主內閣制」。隨著民主化的發展，君主權力被架空、虛位化，不能再任命內閣，也無權力解散國會或制衡經由民主選舉產生的國會。同時，國會亦強化對內閣的控制，使內閣一元化的承受國會的監督，由國會多數黨掌握組閣權，使國會權力擴及於行政體系，「國會萬能」的態勢也因此形成。然而，國會排除君主的監督，又不受內閣的制衡，實與權力分立原理矛盾。因而才又發展出現行的議會內閣制。

　　「議會內閣制」就如同字義般，使議會與內閣權力均衡。一方面國會擁有對內閣的不信任權，可迫使內閣重組。一方面內閣亦可拒絕下台，反而可以發動解散令要求國會重新面對選舉。這樣的設計使立法與行政之間的權力作用均衡，兩者雖然互相監督，但亦互相協調。議會內閣制有以下特質。

(1)　內閣成員同時為國會議員，可以出席國會參加討論、表決，也有義務接受國會質詢。因此國會易於監督行政機關，內閣也很明確的對國會承擔政治責任。

(2)　內閣由國會中之多數黨派及其領導者所組成，可以充分代表國會及反映國會立場。但是首相及主要閣僚都屬眾議院或下院成員（英國在 1902 年之後都由下院議員擔任首相，日本戰後亦規定由眾議院議員擔任首相），以顯示與民意結合的本質。

(3) 政治權力架構由最底層的國民、國會議員（民意代表）、閣員（議員中之領袖）、首相（閣僚之領袖）等順序排列，成為金字塔形的政治體制。

(4) 內閣與國會之間的信賴與解散關係，使政府必須在互相制衡及互相信賴的基礎之上才能繼續存在維持政權。

(5) 政黨政治的色彩明確，國會及內閣的運作都以政黨為中心，政黨的變動立即影響內閣存在的基礎。總統制的行政體系就沒有如此敏感的政黨色彩。

(6) 國會的法律案、預算案等，都由內閣主導提出，使國會處於消極、被動的地位。

(7) 內閣是以首相為中心的一整體，必須共同承擔連帶責任，不允許閣員有個別的行動或立場。

由以上議會內閣制的特徵，可以與總統制對比如下。總統制是把無民意基礎的國王改由民選的總統取代，由其掌握行政權與國會制衡；內閣制則是把沒有民意基礎的國王權力，逐漸剝奪以至於完全取消，而由國會推派議員組成內閣自行掌握行政權。內閣制因為是由國會議員組成內閣，故行政權與立法權之間不像總統制的嚴格區分，由權力分立的角度來看是比較柔性的，故一般又稱為「融合制」。

由此可知，內閣制是由國會選出本身所信任的議員及熟識的同僚，設立一個掌握行政權的內閣，來處理並推動國會所制

定的法案。因為內閣制在設計上使立法權與行政權融合在一起，所以勢必要具備下列相關要件，才可使其運作符合權力分立的原理。

其一，實施內閣制必須有健全的政黨政治做基礎，才能形成責任政治，故又稱「政黨」內閣制。因此，實施內閣制的國家，其政黨組織是否健全極為重要。因為在選舉過程中，選民必須理解除了選舉國會議員之外，更重要的是同時選擇政策及政黨領袖，以使其取得首相職位，掌握國家行政權。

其二，內閣制是由占有國會多數席次的多數黨領袖及其黨籍議員所組成。由於內閣掌握行政權，故很容易造成執政黨同時控制立法權與行政權的現象。所以在內閣制之下，如果國會的監督功能要維持正常運作，必須充分保障在野黨的地位及權限，否則一黨集權的情形就無法避免。

此外，議會內閣制的解散設計，實際上經常成為執政黨選擇適當改選時機的工具，如何防止被濫用、惡用是改革此一制度的重點。[3]選民賦予民意代表權限並非完全不受拘束，而是基於特定政黨及政策公約，若其中有巨大變動，則應再次接受國民主權審查。或是首相辭任、執政黨分裂、執政黨與其他政黨併合、重大法律案或預算案未通過等狀況發生，內閣、政權的

---

[3] 參照，許慶雄「台湾及び日本の憲法体系に関する一検証〜社会権保障及び解散制度を中心に〜」『北大法學論集』第六三卷第五號（2013年）、北海道大學法學部、14–20頁。

基礎動搖時，應規定強制解散制度，以避免首相、執政黨逃避國民的審判監督。其次是，在野黨未提出內閣不信任案時，首相解散權之行使應受限制，以避免解散成為有利執政黨大選的工具。如此才能防止解散被惡用，成為執政黨鞏固政權的工具。

3. 總統「內閣」制

法國在 1958 年制定的第五共和憲法，再經由 1962 年的修改之後，本質上是在立法與行政機關之上，設置以總統為中心的權力運作型態，將總統定位為高於各機關的憲政守護者，同時亦賦予實質指導及制衡權力。總統一方面可以在必要時指導某一權力制衡其他權力。例如，解散國會要求國民主權加以判斷選出新國會，把國會通過之法律案交由國民投票覆議等。一方面亦可以直接介入權力運作，成為主宰者。例如，任命首相、主持部長會議（實際上的內閣會議）、解散國會、掌握國防、外交權等。因此，法國的政府體制是否還屬權力分立範疇，或是已超出權力分立原理，有權力集中的本質，是值得探討的問題。即使法國的總統內閣制可以勉強定位為權力分立的體制，實際上也不是一種選取總統制與議會內閣制之優點，所形成的折衷制度，而是屬於權力更為集中於總統的一種有權無責政治型態。[4]

---

[4] 法國總統實際上是國家元首，也同時掌握行政權，為超級總統制，屬有權無責的權力集中體制，相關制度及批判，參照，宮沢俊義『憲法論集』

法國總統制不但與總統制一樣，由國民直接投票選出具備民意基礎，且是任期長達五年又可連任的總統。同時依憲法規定擁有以下重要權力，實際上是國家權力運作的核心，絕非一般議會內閣制之中的「象徵總統」，也比總統制的總統權限更強大，可謂有權無責的「超級總統制」。

(1) 首相任命權由總統單獨掌握，與國會無關，亦不須國會同意。閣員雖是由首相提名，但必須由總統任命。因此，總統不滿意的人選，是不可能被任用，總統有權拒絕任命。首相的免職依憲法規定，是由首相提出辭呈後，總統才可免職。但是與總統立場對立的首相，要繼續任職實在很困難。

(2) 總統主持部長會議（conseil des ministres），實際形成施政的決策機構。

(3) 總統掌握國防、外交權限，是軍隊首長、主持國防會議、決定交戰與否，對外交涉條約、指派大使、接受國書、代表國家。

(4) 總統對法律的提案有實質影響力，對於國會已通過之法律，可以提請憲法委員會（The constitutional council）審查違憲與否，或要求國會再覆議，或提請國民投票決定等方式介入影響之。

（東京：有斐閣、1978 年）頁 3-63。

(5) 總統有解散國會之權限，不須首相同意或署名。

(6) 總統有權召集國會開臨時會。

(7) 總統有國家緊急權發佈權限，可依其規定掌握國家所有權力。

由以上法國憲法所規定的總統權限可知，總統實際上已掌握行政權，並擴及到其他權限，使權力分立的均衡產生疑問。何況，首相除了必須受制於總統之外，也必須向國會負責，面對國會不信任時則須辭職。因此，首相之下的內閣並無任何議會內閣制的特徵，閣員不可兼國會議員，內閣會議也比不上部長會議，無解散權可制衡國會，故稱之為總統「內閣制」，與內閣制的特徵完全不符。同時首相不但須聽命於總統，代替總統接受國會質詢，代為承擔政治責任，且毫無制衡總統及國會之權限，在權力分立體系中不具實權及地位。因此，僅以「首相」職稱，就認定其為行政之首長，誤以為行政體系有總統與首相兩個首長，實與法理、事實不符。首相實際上是總統的待罪羔羊，也是國會攻擊總統時的出氣筒，是兩面不討好的小媳婦，稱之為「首長」實在不妥，故法國並非「雙首長制」。何況，依三權分立原則，行政權及其組織應為一整體，才能一致面對立法及司法的監督制衡。行政權冒然切割為二，將使權力分立作用失衡，應該會造成國會權限獨大的局面。然而，法國實施總統內閣制的結果，行政機關反而強化其權力作用，並未因而使權力被削弱，顯然法國的行政權

並未被一分為二，反而在整個權力分立體系中突顯出優越主導地位。

4. 總統制與內閣制的比較

　　總統制與內閣制是目前人類社會所能架構的統治形態中，最能反映民主原則及權力分立的兩種制度，因而只能由實際上是否可活用此等制度，或是因此等制度運作時之僵化而喪失其本質來判斷其優劣。理論上，實施總統制的環境與條件是：①聯邦制國家，而且地方權限很強，因此聯邦政府的行政權有必要維持較強勢的地位，以統合國家；②領域廣大、人口眾多、有宗教及族群等因素，因此必須集中行政效率，有效因應各種變化；③必須強化國民命運共同體意識，以建設國民國家。

　　反之，較適合內閣制條件是：①領域、人口適中的單一國家；②為維持國會中心運作以建立民意監督行政的體制；③並無特殊宗教、族群等國民統合問題的國民國家；④兩黨輪替政治或政黨政治健全能有效運作的國家。

　　目前以臺灣的政治生態環境而言，要順暢的實施權力分立的內閣制或總統制，都有種種問題。例如，一般所謂五權憲法體制下的內閣制，與前述「議會內閣制」在本質上完全不同，應屬反民主的「菁英內閣制」，其原因如下：

(1) 立法委員的選舉過程中，因制度上的缺失，造成選民仍是選人而非針對各政黨政策或黨領袖（未來閣揆）作選擇。因此，行政院完全沒有民意基礎，選民也無法決定行政權的歸屬。

(2) 行政院自院長以下的各部會閣員，完全不具國會議員身分與地位，不知依何種標準產生，唯一可說明的是人為形成的統治菁英。

(3) 行政院權責不分，民意無法直接監督，代表民意的國會亦無制衡或積極倒閣的權限，致使行政權仍可置身於民主制度與權力制衡之外。

(4) 政黨內部權力結構並未配合議會內閣制做改革，仍由國會之外的黨中央主導，形成黨意優先於民意的狀態，使革命時代的中央集權式國民黨體制，在民主制衡體系之上，仍可以完全掌握行政權，並控制立法院黨團，實行由上而下的一條鞭統治模式。

所以臺灣在過去實施的「菁英內閣制」之下，實無法建立符合民主制衡與權力分立的統治形態。

一方面，修憲後模仿法國總統內閣制的結果，行政院長有責無權，使國會監督作用失衡，總統權限在整個權力分立體系中突顯出優越主導地位，比總統制的總統權限更強大，可謂有權無責的「超級總統制」。必須制憲使總統掌握行政權，實行

美國總統制。如此民意能同時監督行政權與立法權，真正的推動政治改革，打破封建、反民主的菁英政治體系。

CHAPTER 7

司法獨立與違憲審查

一、司法獨立

　　三權分立是近代立憲主義國家為了確保國民的自由與權利，防止國家權力濫用而架構採行的體制。此體制的基本原則是將國家的立法、行政、司法三種權力作用加以區分，並由個別的國家機關執掌，且彼此互相制衡。基於此反應在司法機關的實際運作，即發展出「司法獨立」的重要原則，目的在保障司法體系的獨立，使司法權的運作不受行政、立法權的干擾與介入。基於上述原理，為了避免司法機關受到其他機關的指揮、監督或抑制，必然要在組織構成上，確立保障司法機關能獨立自主運作的制度。

　　現代民主法治國家，如何維持及保障「司法獨立」是最重要的課題。司法機關是國家機關中較為特殊的部門，國會是把國家的意識、目的法制化的機關，行政機關則是實現國家意識、目的的機關。但是司法機關卻是處於國家的意識、目的之外，以獨立觀察者的地位，針對國家的意識、目的之是非曲直，從事客觀裁判的機關。因此必須保障司法機關獨立於其他國家體系之外，才能自外部做客觀、公正的裁判。一般司法獨立應涵蓋以下三部分。司法機關獨立、法官職權獨立、法官身分保障。

（一）司法機關獨立

　　司法機關獨立之要求是：以法院為主體所構成的司法機關，必須獨立於其他國家機關之外，不受其他國家權力機關之影響，同時在必要的範疇，應維持司法機關自主性，以免因而受制於其他機關。憲法保障三權分立、權力制衡的體系中，已明確保障司法機關獨立，這是司法獨立的核心部分。除此之外，憲法亦規定司法機關獨立所必要的各種自主性保障制度，以確保司法獨立。

1. 司法機關對法官懲戒自主，不受其他機關介入、干涉。

2. 司法任用自主，除憲法規定的最高法院法官之外，各級法官的任用、人事不受干涉。

3. 司法行政自主，包括人事行政及事務行政自主之外，司法部門的財政在預算案審查時，亦特別保障其自主性。

4. 為保障司法體系內部的運作能自主決定，不受外部影響，司法機關有內部規則制定權。

5. 司法機關獨立與國會之間有國會調查權界限問題，國會調查權的行使可能對法官及其審判活動，造成直接、間接影響的調查，必須嚴格界限之。[1]

---

[1]　參照，許慶雄『憲法概論～日本政治與人權～』（台北：新學林出版股份有限公司、2013 年）頁 340-341。

（二）法官職權獨立

　　保障法官職權獨立由司法獨立的角度來分析，應涵蓋不受外部各種國家機關、政治勢力、社會力、輿論之干擾，不受內部上級法官、法院的指揮監督，使個別法官能獨立行使職權進行審判。一方面，也應探討法官行使職權時，應依據那些基準從事獨立審判，法官行使職權之依據與拘束何在。[2]法官即使排除內、外部干涉而獨立審判，若依照自己主觀心證、自由裁量，則與過去人治社會的「包公辦案」沒有區別。

　　因此，法官獨立行使職權的同時，亦要求法官必須超越自我，排除自己的宗教信仰、政治立場、倫理價值等主觀意識，純粹站在「獨立於外」的客觀立場，依據憲法及法律針對認定的事實做判斷。所以法官獨立行使職權，一方面保障法官不受外在因素的影響獨立審判，同時也要求法官必須超越、獨立於內在的「自我」之外從事審判，若非達到如此境界就不是獨立行使職權。[3]

---

[2]　有關法官行使職權之依據與拘束何在，參照，樋口陽一、栗城寿夫『憲法と裁判』（東京：法律文化社、1988年）頁31-59。

[3]　法官走出法庭審判之前，應對鏡子自我警惕，出庭審判時已經不再是自我，而是憲法、法律、事實之代言人。因此各國法官戴假髮穿著法袍，裝扮成不是自己，以此象徵排除自我從事獨立審判。

（三）法官身分保障

　　法官身分保障是指，憲法必須在考量保障法官獨立行使職權的同時，對法官的地位及待遇特別予以保障。因此，法官「獨立行使職權」與「身分保障」有密切關聯，是必須整體思考的體制。原則上憲法應保障法官的身分不受任意剝奪或變動，如此才能支援法官獨立行使職權。但法官身分保障仍有以下之例外：

1. 身心障礙等醫學上因素，已無法適任法官職務。
2. 依彈劾制度得罷免之。
3. 依憲法規定的審查結果未通過。
4. 屆法定退休年齡，通常在六十至七十歲之間。

　　以上原因若存在，得剝奪法官身分。

　　法官身分保障內容主要包括：

1. 待遇、薪資不受實質削減。
2. 職務調動應尊重法官意願，建立制度化處理程序。
3. 懲戒不得包括免職處分。

（四）法官維護司法獨立之義務與使命

　　司法獨立之維護最重要的核心部分是，每一位獨立行使職權的法官，如何在審判過程中排除自我的存在，只有依據法庭事實、證據依法審判。各國憲法與相關法官法都有法官應遵守的義務規定，主要有：（1）法官有義務遵守憲法、法律進行審判。（2）法官有避免影響司法獨立及其他法官獨立行使職權之義務。（3）法官有義務避免做出任何影響國民對司法獨立信賴之行為。[4]

　　由此可知，相對於一般公務員行政中立之要求，針對法官審判獨立應採更嚴格標準。法官除行使職權時有上述義務之外，在法庭外所有言行、甚至私生活，都應時時刻刻不忘維護司法獨立之使命感。雖然，法官在公務以外，也是國民一份子，得享有言論表現自由及日常社交活動之權利。但是，基於維護國民對司法絕對信賴之使命，應自我約束社交活動，避免成為眾所矚目之焦點。法官家族、親友及社會各界，也應共同協助法官維護司法獨立之空間。

　　尤其是政治性活動，不但容易影響對司法獨立之信賴，也涉及三權分立體制之互動，更須採取謹慎、嚴格之標準。中華

---

[4] 例如，德國法官法第三九條之規定，國際法律家委員會 1967 年之決議，日本憲法第七六條三項及裁判所法第五二條之規定，參照，橋本公亘『日本国憲法』（東京：有斐閣、1988 年）頁 603-605。

民國憲法第八十條規定：「法官須超出黨派以外，依據法律獨立審判，不受任何干涉」。若以 I.可以加入政黨；II.不可加入政黨，但可參加政黨或政治活動；III.不應加入政黨及公開參加政治活動等三種解釋，理所當然「超越」黨派，應選擇第三種解釋。世界各國也都要求法官避免參加政治性集會或活動，以免失去國民對司法獨立與法官超然立場之信賴。但是，中華民國至今仍然允許法官加入政黨、積極參加政治性活動或教學授課等兼職，這樣一來當然使民眾對司法獨立失去信賴。

日本在戰後初期，曾有法官參加「青年法律家協会」[5]所舉辦的學術性研討會活動，因而引發爭議。故於 1970 年 6 月 29 日，司法機關首長（最高法院長官）石田和外，做出以下訓示：

1. 公正公平乃司法審判之生命，民主主義之基礎乃國民對公正司法審判之信賴。倘若失去此基礎則國家社會之安定將無法確保。

2. 所謂司法審判公平非僅止於「審判內容結果」之公正無私，尚要求全面的使國民無條件信賴審判之公平公正，是一種全民之共同認知。因此，所有法官如何主動排除

---

[5] 有關「青年法律家協會事件」，參照，竹田 稔「裁判官の思想、良心、結社の自由と政治的中立性」，利谷信義、小田中聰樹『裁判と国民の権利』（文献選集　日本国憲法 II）（東京：三省堂、1978 年）頁 177-184。

國民之一絲絲的疑惑及不信賴感，乃司法機關全體人員及每個法官之職責與自我要求。

3. 法官若成為任何政治團體、社會團體之一員或積極熱心的支持者，即便日常行使職權再怎麼公正公平審判、維持司法獨立，亦無法避免國民懷疑與不信任之眼光。因此，「職業倫理」要求法官必須避免積極之政治參與，及參加各種可能引起誤解的社會活動、交際活動。

此後，日本法官的社交活動幾乎停頓，甚至參加親友喜宴也都低姿態的刻意避免提及法官身分。即使是一般性且與職務無關的媒體採訪等，法官也都幾乎絕跡。日本司法獨立之所以得到國民信賴，所有法官之自制傳統與使命感影響甚大。

二、違憲審查

（一）歷史發展

違憲審查是美國於 1803 年由判例所形成的制度，[6]1787 年制定的美國憲法條文中並無違憲審查之規定。因此確立違憲審查制度及違憲審查權屬於司法機關，並非來自憲法條文明確規定，而是依據憲法的基本原理，由相關憲法條文引申而來。[7]當時的憲法理論認為：

1. 國會制定的「法律」與「憲法」矛盾對立時，即面臨到底是要允許國會立法可以改變憲法，或是抑制法律的作用，維護憲法是最高法規範的本質。若允許與憲法矛盾之法律繼續有效產生作用，則憲法將變成廢物，憲法秩

---

[6] 馬伯利訴麥迪遜判例（Marbury v. Madison, 1Cranch 137. U.S. 1803），是美國最高法院於 1803 年判決的一個案例。最高法院首次運用違憲審查權，判定違憲法律不適用，從此違憲審查成為制衡立法機關與行政機關的制度。有關此判例及美國違憲審查之後代表性判例，Dred Scott v. San(d)ford 19 Howard 393 (1857)，之事件背景、判決要點及相關問題之探討與分析，參照，畑 博行『アメリカの政治と連邦最高裁判所』（東京：有信堂高文社、1992 年）頁 5-41。

[7] 美國司法審查制（Judicial Review）成立過程之經緯與理論分析、參照，鵜飼信成『司法審查と人権の法理』（東京：有斐閣、1984 年）頁 36-64；木下 毅・Thomas I. Emerson『現代アメリカ憲法』（東京：東京大学出版会、1980 年）頁 6-12。

序不可能維持下去，因此只有選擇維護憲法。何況，依據美國憲法第五條規定，[8]修憲權涉及聯邦與各州之權限，若聯邦議會制定之法律可以改變或停止憲法條文效力，則修憲權必然受到侵害。因此，由憲法第五條的修憲制度規定，亦可推論出聯邦議會制定之法律不得變更或凌駕憲法之結論。

2. 依據美國憲法第三條之規定，[9]司法權屬於聯邦最高法院及各級法院。其中，司法權作用依「法」審判中的法，除了法律之外還包括憲法，司法機關有權選擇適用的「法」，若事件與憲法及法律都有關聯，且兩者又互相矛盾對立時，則司法必須選擇居上位的「憲法」，揚棄下位的「法律」。此外，司法作用除了選擇適用之法，還必須

8　美國憲法第五條前段：「國會兩院議員三分之二認為必要，或經各別州議會三分之二之請求而召集修憲會議，得提出本憲法之修正案。以上兩種情形中之任何一種修正案，經各州議會四分之三或經修憲會議四分之三絕對多數批准時，即認為是本憲法之一部分而發生效力。批准之方法，由國會提議之。（The Congress, whenever two thirds of both houses shall deem it necessary, shall propose amendments to this Constitution, or, on the application of the legislatures of two thirds of the several states, shall call a convention for proposing amendments, which, in either case, shall be valid to all intents and purposes, as part of this Constitution, when ratified by the legislatures of three fourths of the several states, or by conventions in three fourths thereof, as the one or the other mode of ratification may be proposed by the Congress）」

9　美國憲法第三條一項前段：「美國之司法權，屬於聯邦最高法院及由國會制定與設立之下級法院。（The judicial power of the United States, shall be vested in one Supreme Court, and in such inferior courts as the Congress may from time to time ordain and establish.）」。

說明什麼是法，故解釋憲法及法律也是司法機關的權限範圍。

美國當時即依據以上的憲法原理及相關憲法條文，引申出違憲審查是必要的制度，且應由司法機關擁有此一權限。然而，歐洲其他國家，在十九世紀國會至上及立法國家的時代背景之下，並沒有形成可以對國會制定的法律加以審查的制度。直到廿世紀國家主義盛行，除了行政機關侵害人權之外，國會制定的「惡法」侵害人權的現象亦層出不窮，因此在歐洲國家之間才引起檢討，並於第二次世界大戰之後陸續採用違憲審查制。

（二）違憲審查的目的

違憲審查是期待由客觀中立的機關，對憲法條文加以解釋，或再一次判斷法律是否違反憲法規範，以達到以下目的：

1. 保障人權

議會雖然聲稱是代表國民意思的機關，但在選舉以多數為條件的限制下，實際上所選出的代表，幾乎都屬既得利益階級的成員。再加上議會運作必須以協商、利益交換為手段，更使

其多數的決議常侵害到弱者及少數者的權利。因此,唯有期待議會之外的司法機關或中立客觀的機構,能對議會的立法再一次加以審查,以確保每一個個別存在的人權。附隨審查型違憲審查就是以此為出發點,所形成的制度。

2. 保障憲法

憲法規範國家機關的權限,因此國家機關權力運作時是否遵守憲法規定,機關相互之間的作用發生爭議時,都必須有一個維護憲法秩序,防止憲法被侵害、破壞的制度。憲法法院型違憲審查就是以這個目的為主所形成的制度。

3. 權力制衡

民主政治由人民選舉代表組成國會,由國會表決制定法律的過程,都是採用「多數決」。因此,國會的立法並非「全體國民」的同意與意思,反對者、落選者、少數者的意見常被忽略。何況根據歷史經驗,多數意見並不是一定正確,特別是涉及人權保障及各種不同群體權益的部分,更應該有排除「多數決」拘束的空間存在。因此,應該賦予議會以外的司法機關,有立足於全體再次客觀審查的權力。

（三）違憲審查之類型

違憲審查之類型，首先可以區分為廣義及狹義兩部分，廣義涵蓋「特別政治機關型」與「司法機關型」，狹義則僅指「司法機關型」所區分出來的「憲法法院型」與「一般司法法院型」。[10]

1. 特別政治機關型

特別政治機關型具有高度政治性，不論在組成及審查程序上，都與「司法」有所區隔，由國會與行政機關主導。除此之外，因為此型可以在國會尚未完成立法之前，預先介入審查以阻止違憲法律成立，做預防性抽象審查，故又稱「事前審查制」。雖然「憲法法院型」亦可做抽象審查，但是該型認為法律生效之前，應屬國會與國民、輿論作審查與監督的範疇，必須在法律生效之後才屬司法審查對象。故兩者在法律生效前、後之間有基本的區隔與差異。

法國為此型之代表，馬來西亞及印度也採用類似型態。法國 1958 年第五共和憲法第五六條規定，憲法委員會設委員九

---

[10] 有關違憲審查之類型，參照，小林直樹『憲法講義（下）』（東京：東京大学出版会、1986 年）頁 344-351。有關各國違憲審查制之研究，包括英國、德國、瑞士、印度等，參照，憲法理論研究会編『違憲審查制の研究』（東京：敬文堂、1993 年）頁 197-257。法國違憲審查制之研究，參照，和田英夫『大陸型違憲審查制』（東京：有斐閣、1979 年）頁 65-191。

名，任期九年，不得連任。憲法委員會委員，每三年改任三分之一。憲法委員中，三人由總統任命，三人由國民議會議長任命，三人由參議院議長任命。除上述九名委員外，歷任總統為憲法委員會之當然終身委員。依憲法第六十一條規定，法律在國會通過之後，尚未公布生效之前或之後，當總統、首相、議長或六十名國民議會議員或六十名參議院議員，認為國會在立法過程有違憲疑慮時，即可送交憲法委員會審查是否違憲。若確認違憲，則可依憲法第六二條規定，禁止該法律實施，行政、司法機關都應遵守。

2. 憲法法院型

憲法法院型以德國為代表，[11]其他奧地利、意大利及中華民國憲法的大法官會議都類似此型，其主要特徵如下：

(1) 獨立審查機關：此型是在一般法院之外另設置憲法法院，專門針對法律與憲法「合適」與否做判斷。

(2) 抽象審查作用：此型之違憲審查制，必須制定憲法審查程序、手續法，規定提訴資格及相關條件，一般僅限定政府機關及法官等特定資格者才可提請審查。

---

[11] 有關德國憲法法院型之研究，參照：工藤達朗（編著）『ドイツの憲法裁判』（東京：中央大学出版部、2002 年）；畑尻 剛『憲法裁判研究序說』（東京：尚学社、1988 年）。有關法、德、意違憲審查制之研究，參照，和田英夫，同前注書。有關加拿大違憲審查制度之研究，參照：佐々木雅寿『現代における違憲審査権の性格』（東京：有斐閣、1995 年）。

審查時僅針對法律條文內容即可，並無具體事件適用的問題，與法律的實際作用無關。

(3) 憲法保障功能：此型主要目的在防止憲法秩序崩潰，因此當判定違憲時，則該法律立即無效，具一般普遍性效果，以確保憲法秩序不受法律破壞。

(4) 多功能作用：此型一般都擁有違憲審查以外之權限，例如，大臣、部長之彈劾、選舉爭議之判定、特殊政治性爭議之判斷等。

3. 一般司法法院型

一般司法法院型以美國為代表，日本、拉丁美洲各國及英美法系國家亦採用此型，其主要特徵如下：

(1) 附隨審查方式：此型由一般法院在處理具體訴訟時，同時針對關聯到此一事件的相關法令，或法令「作用」是否違憲加以判斷。

(2) 具體爭議事件之審查：此型必須有訴訟上之利益（法益）及權利、義務關係等具體事件存在，才可進行違憲審查，單純的對法律做抽象審查不可行，故又稱「具體違憲審查制」。

(3) 解釋或審查之拘束力不存在：此型審查的主要目的與法律之有效與否無關，只是判定該法律對此事件不具作用，或限定在何種範圍才具作用。因此判決並未使

相關法律無效，除非國會決議廢除該法律，否則法律仍具效力。

(4) 人權保障功能：此型主要以保障國民基本人權為目的，因此著重於如何優先解決爭議，使當事者的人權獲得完整保障。至於法秩序全體應如何對應，則屬其次的問題。

4. 違憲審查傾向一致之趨勢

違憲審查發展初期的各種不同型態，歷經五十年的運作，已逐漸有合流的傾向。[12]一方面是，憲法法院型國家，對於一般法院針對具體事件訴訟審理過程中，引發適用法律違憲與否爭議時，得要求中斷審理，靜待違憲審查之判定。此與附隨審查在程序上已非常接近。同時，憲法法院型又設置，國民可以對權利受侵害提起憲法訴願制度，[13]最後可進入憲法法院審查該法律、法令是否違憲。實際上，憲法法院處理此類由國民憲法訴願而來的違憲審查案件，數量已高於抽象性審查。由此可知，憲法法院型在功能上已逐漸涵蓋個人人權保障部分，並非以優先保障憲法秩序為目的。

---

[12] 有關兩類型一致化傾向，參照，辻村みよ子『比較憲法』（東京：岩波書店、2003 年）頁 192-194；『憲法』（東京：日本評論社、2000 年）頁 502-503。

[13] 有關德國憲法訴願制度與本質，參照，川添利幸『憲法保障の理論』（東京：尚学社、1986 年）頁 177-187。

另一方面是，司法法院型也逐漸緩和原告適格要件，[14]對具體權利、義務關係採較寬鬆基準，使並非直接關係者的代理訴訟亦可進行，可以類似憲法法院型方式，形成得以間接的處理違憲法令侵害人權、破壞憲法秩序之可能性。

除此之外，政治機關型以法國為例，亦逐漸司法化，不論在組成人員及程序上，或有關人權保障問題的重視程度，都已傾向憲法法院型在發展。

（四）違憲審查之對象

1. 國內法規範

一切法律、命令、規則、處分及個別、具體的公權力行為，都是違憲審查的對象。法律除了國會制定的法律之外，地方自治機關所定立法規、或憲法賦予其他機關制定的法律，例如，司法機關、國民投票所制定之法律。各級行政機關的政令、條例、處分命令都是審查對象。

---

[14] 有關違憲審查要件之探討，參照，渋谷秀樹『憲法訴訟要件論』（東京：信山社、1995 年）。

2. 條約

　　條約是否屬違憲審查的對象，學理上有贊、否兩論。肯定說認為可以宣佈條約無效，否定說則認為，條約是國家對外的承諾，應受限制不可片面宣佈無效。兩說之差異，由條約成立的過程觀之，都有其理論基礎。依國際法規定，條約是基於國家之合意才成立。因此條約內容確定後，都有國內批准的手續，此時國家若判定該條約違憲，可拒絕批准使條約無效。然而條約一旦經由國家合意且批准生效，要以違憲為由片面宣佈無效，則有檢討之處。[15]

　　實際上，各國都把條約定位在憲法之下，與法律同位階，或規定條約應經由立法手續轉化為國內法，因此條約與法律一樣應成為違憲審查對象。問題是，國家對內既使可以依據違憲審查制度運作，判定條約或相關法律違憲無效。但是對外卻必須依國際法，承擔隨之而來的國家責任，包括以賠償、修改條約、廢除條約、認錯道歉來取得他國諒解。因為依國際法原理，國家不得以國內因素（憲法規定）為理由，主張條約無效，當條約尚未依國際法方式變動之前，條約仍屬有效，當事國對外仍應遵守條約與承擔違反之責任。

---

[15] 參照，許慶雄、李明峻《國際法概論》（台北：翰蘆出版公司，2012 年）頁 23-32。

3. 私人間法律關係（契約）及私法行為

　　私人間的相互合意所形成的契約，或私人間的各種行為，若與公共秩序有關，仍須受公法秩序拘束，必須遵守民法公共秩序的規範。因此，若私人間的法律關係及行為，與憲法秩序牴觸，亦屬違憲審查對象。例如，勞資契約若違反勞工基本權的憲法規範，則違憲無效。[16]

　　國家從事私法行為，亦屬違憲審查對象。例如，國家收買土地行為，若屬依法強制徵收則為「處分」，屬前述的「國內法規範」部分，若是國家以一般商業買賣方式取得土地，則屬私人間契約關係。故國家所有行為，都屬違憲審查對象。

4. 立法不作為

　　國家積極行為完全屬違憲審查對象，但國家消極不作為則難以立證其違憲與否。立法不作為唯有在特定情形下，才可能成為違憲審查對象。其一是，憲法明文規定應「立法實施」、「另以法律規定之」，則國會在「合理期間內」未立法，將成為違憲審查對象。例如，各種組織法、選舉法、國民投票法。

---

[16] 參照，三並敏克『私人間における人権保障の理論』（東京：法律文化社、2005 年）；木下智史「私人間における人権保障と裁判所・再考」、佐藤幸治先生還暦記念『現代立憲主義と司法権』（東京：青林書院、1998 年）頁 203-246。有關此一部分與「第三者效力」有關，參照，許慶雄〈人權的調整與效力之研究〉、李鴻禧教授祝賀論文集《現代國家與憲法》（台北：月旦出版社，1997 年），頁 443-466。

再者，有關社會保障的部分，若憲法明文規定為具體保障，則因該等人權與自由權在本質上不同，自由權是基於國家不作為即可獲得保障，但是社會權卻需要國家積極作為才能獲得保障。因此有關這一部分的「立法不作為」，因為具體使國民應享有的人權受剝奪，此時即成為違憲審查對象。

（五）違憲審查之界限

前已論及違憲審查範圍涵蓋「所有的」國家行為，及國家對內、對外之相關事項。然而，違憲審查並非沒有界限，如何探討其界限雖然不容易，卻是進一步理解其本質的重要關鍵，以下分由幾個不同角度來說明。[17]

1. 違憲審查的階段何在

探討違憲審查的界限，首先應釐清所謂的界限是指那一階段，是指「入口」的階段（可否進入違憲審查或不能審查），或是指「出口」的階段（進入審查後避免做判斷）。原則上，入口階段應採較寬鬆認定，盡可能使爭議進入審查，除非明顯

---

[17] 有關違憲審查界限之探討，參照，橫田喜三郎『違憲審查』（東京：有斐閣、1987 年）。

不適合做違憲審查，否則不應拒絕審查。若屬出口階段，除非涉及基本人權保障、國民主權或權力分立等憲法基本原理部分，否則應採慎重認定，以司法自我約束原則，對於不適合介入或者介入判斷亦不能解決爭議的範疇，盡量迴避做出判斷。

2. 憲法權力分立本質之限界

（1）自律權部分

依三權分立原理，各權力機關都有屬於該機關得自律的權限。例如國會對議員之懲戒權或國會內的警察權，內閣開會之程序、出席人數等。違憲審查針對自律權部分，應採慎重認定，避免任意介入審查，否則很容易危害權力分立的制衡關係。自律權一般都會在憲法條文中明確規定，形成所謂「憲法上限界」，使違憲審查不必介入。至於未明確規定的各機關得自律部分，違憲審查之介入也應慎重，除非明顯破壞憲法規範，才有介入空間。但事實上這時幾乎已進入「抵抗權」層次，以違憲審查很難達到喝阻效果。例如，國會選舉議長時之賄選、舞弊，或非法將少數黨議員除名等，都不是依賴違憲審查可以有效對應。

（2）裁量權部分

有關憲法賦予國會或行政機關自行裁量部分，原則上不屬違憲審查之對象。除非涉及裁量權之「濫用或越權」等少數

特殊情況，否則不應成為違憲審查之對象。[18]例如，首相對閣僚之任免原因，國會不信任案提出理由，首相解散權發動之原因等，都屬違憲審查無法介入的部分。一般行政機關裁量的界限較為明確，國會裁量則有各種型態，其中有關立法裁量，要證明其濫用或越權必須有明文的憲法上立法義務規定，同時必須經過合理的一定期間，才能成為違憲審查的對象。例如，選區劃分的結果使國民的投票價值不平等，長期間國會不予修改訂正；大幅變更、延遲選舉日期或多項選舉刻意合併舉辦，則屬違憲審查對象。

3. 人權主體間爭議之界限

　　人權享有主體相互之間的爭議，包括人與人或人與法人的爭議，屬私社會及私法範疇，不同於國家與個人之關係，故其自主統制或相互間爭議，原則上不適合成為違憲審查之對象，但是亦有例外。例如，各種私人社團、組織都有其內部規章，以規範其成員及申請加入者。因違反被除名或不符條件被拒絕加入，並非違憲審查對象。「結社自由並未保障任何人可參加任何團體的權利」，因此被除名或被拒絕加入，並不屬於違憲審查介入範圍。例如，政黨以黨員違紀參選為由開除黨籍，則黨員不得以侵害其參政權為由提起違憲訴訟，因為此

---

[18] 有關司法權與行政權之界限探討，參照，田中二郎『司法權の限界』（東京：弘文堂、1976 年）。

乃政黨自主統制維護政黨存立的基礎。反之，禁止成員退出團體或處分侵害人權，即屬於違憲審查對象。例如，工會之統制權在憲法上屬團結權保障對象，不完全適用「私社會關係」，故工會以會員行使投票權、參選權為由之除名或處分，即可成為違憲審查之對象。[19]

4. 學理上的界限理論

（1）司法自制論

司法自制論認為，司法機關處理違憲審查時，應盡可能尊重國會、行政機關等立法者與政策決定者的判斷，除非明顯危及憲法秩序，否則在立場上應謹慎的自我抑制、避免介入，故一般又稱為「司法消極主義」。反之，主張司法機關的違憲審查，應承擔憲法守護使命，為維護憲法理念及價值，採取主動、積極姿態介入審查，則稱之為「司法積極主義」。司法自制論的主要依據是：

A、司法機關欠缺民主基礎，國會與行政機關都與主權者有關聯，具備民意基礎，故應加以尊重，既使多少有逾越其權限，也應預期必然會受到國民或選票檢

---

[19] 詳細探討參照，佐藤幸治『憲法訴訟と司法權』（東京：日本評論社、1986年）頁 71-102。

驗。司法之介入審查，應屬明確及不得已狀況下的消極判斷。

B、違憲審查只是司法作用的其中之一，司法機關若過於積極的行使違憲審查權，容易與國會、行政機關形成對立，捲入是非爭議圈。如此，將對司法機關其他審判作用之客觀、公正形象，形成負面影響，甚至危及司法獨立。因此為了維護司法尊嚴，維持司法獨立，對於違憲審查部分，應採較為消極姿態。

C、違憲審查本質上就是針對明確違憲範圍才應介入，對於模糊或灰色部分應避免判斷，轉交由政治領域或國民投票做第一層次處理。

然而，有關司法自制論也應注意以下幾點：

A、所謂國會制定法律、行政機關執行政策，其背後都擁有大多數民意支持，所以司法應自制的說法，並非完全正確。因為「代表」制實際上並未能保證，民意與「代表」的意思完全一致，雖然學理上假設民意代表是代表民意，但是事實上常有差異，因而有時必須慎重加以「審查」。

B、違憲審查並非由司法機關自由裁量，而是依據憲法做客觀判斷，憲法乃國民直接以制憲權所制定的最高法規範，其「民意」基礎層次更高，當然有對抗國

會、行政機關的合法性。何況,憲法中有屬於自然法層次的人權保障,更非以多數民意即可否定。

C、司法過於自制,反而使憲法保障及人權保障無法發揮功能。因此,並非單純的由應該消極或積極來思考,而是由是否違憲侵害人權與權力分立來考量。既使是多數民意支持通過的法律,司法乃應介入審查,保護少數者人權不受侵害。

D、審查對象也與司法應採姿態有關,對於經濟自由權部分可採消極,但對於思想、言論自由的侵害採消極對應則不妥當。

由此可知,「司法自制」是違憲審查討論界限時,各種思考方式之一,只是探討自制程度如何的名稱,並不是一種明確的規範或基準。

(2) 統治行為論

「統治行為」在英國稱為「國家行為」(Act of State),美國稱為「政治問題」(Political Question),法國稱為「政府行為」(Acte de Gouvernement)。統治行為論是指:「國家統治作用中,屬於高度政治性的行為,即使在法的範疇可以判斷,但因為可能造成無法收拾的重大憲政危機,此時違憲審查必

須採迴避方式對應」。[20]例如，選區劃分不當，造成選民所投下一票價值不相等，雖然違反憲法平等參政權保障，但是若判定該選舉無效，將使國會已經開始運作的合法性產生困擾，故應迴避宣判選舉無效。

統治行為一般認為包括以下三種類型：（1）國家對外行為，包括條約、領土劃定、國家承認及政府承認與否等外交與國際法行為。（2）國家機關的內部行為，包括國會出席定數、內閣會議過程、議員懲戒、任免閣僚等。（3）權力制衡行為，包括解散權運作、不信任理由、覆議權行使等。[21]

最後，有關統治行為論進一步探討如下：

A、雖然高度政治性爭議若介入審查，可能導致憲政危機。然而，是否因為司法消極的迴避審查，可以有其他解決的模式。若沒有其他解決爭議手段，則爭議繼續存在或擴大，司法迴避審查是否妥當。原來設置違憲審查制之目的，就是要解決重大、高層次的憲法爭議，但是面臨高度政治爭議，卻又迴避是否形成更嚴重的憲政對立。[22]

---

[20] 有關統治行為之意義、理論及相關判例之探討，參照，藤井俊夫「違憲審查の対象」、樋口陽一編『講座 憲法学 6 権力の分立（2）』（東京：日本評論社、1995 年）頁 105-118。

[21] 參照，金子宏「統治行為～議会の行為を中心として～」、田中二郎編『日本国憲法体系（第六卷）』頁 1-29。

[22] 有關政治問題之司法自制理論，參照，井上茂『司法権の理論』（東京：有斐閣、1960 年）頁 447-480。

B、事實上，任何違憲判斷都會造成法秩序之混亂，單以會形成混亂或危機為理由，是否足以成為迴避審查的要件。

C、司法機關因為政治因素及國際影響而迴避違憲審查或判斷，是否反而危害司法不受外界影響的獨立本質，使國民對司法喪失信任感。

D、本質上若屬高度政治性，不宜成為違憲審查對象，則應在憲法明文規定排除在審查之外。例如，憲法中已確定其他機關所擁有的裁量權及自律權範圍，違憲審查即不應介入。除此之外，所謂模糊地帶是否能成為違憲審查對象，應屬司法機關裁量權限，理論上不應再擴大解釋，使違憲審查受干擾。

E、原則上若屬高度政治性爭議，也應在「入口」的階段先進入違憲審查體系內，在審查過程中檢驗違憲所可能造成之影響，才能對違憲狀態形成嚇阻力。一方面在「出口」的判斷部分，應以具備緩衝性方式處理，使可能形成的憲政僵局有化解之道，如此處理較為妥當。

（六）違憲審查判決之效力

違憲審查判決對於「司法」以外的其他外部體系，將會產生何種拘束力及法效果，主要有二種理論。[23]「一般效力說」認為一旦判定違憲，除了使相關法律對該事件無效之外，還使違憲法律喪失一般性效力。「個別效力說」則認為，違憲的判定只是判斷該法律對該事件無效，與法律的一般效力無關。兩者都認定違憲判決對事件有排除適用該法律之效力，但兩者在違憲判決對「法律」本身是否產生效力上，則有不同立場。

一般效力說在初期採積極堅定立場，認為一旦判定違憲，則徹底否定法律的存在，甚至有溯及效果，使法律自始無效，以免造成法適用上之差異。但是理論上，司法權只擁有「消極阻止」的權限，雖然可以制衡國會與行政機關，但是並沒有取代立法、行政的權限。因此，一般效力說為避免危及權力分立原理，使違憲審查被誤認為是一種取代國會立法權及行政執行權的超強權限。故改採消極的一般效力說，認為違憲判決效力並不是宣告該違憲法律自始無效及廢除，只是使違憲法律對任何人無效，得不適用該法律，類似凍結法律，故又稱「凍結理論」（Dormant Theory）。另一方面，違憲判決效力亦要求國會修改法律，行政機關暫停執行該法律，以化解違憲狀態。

---

[23] 有關違憲判決效力之分析，參照，戶松秀典『憲法訴訟』（東京：有斐閣、2000 年）頁 379-400。

個別效力說的基本主張是：I.違憲判決若使法律無效，將侵害國會立法權，危及權力分立本質，允許少數幾位法官即可否定代表國民的國會所制定的法律，亦可能形成主觀、獨斷的司法。II.法官若僅對個案做審查，較能圓滑運作違憲審查權限。反之，法官考慮到判決將會使法律無效，其影響層面廣大時，必會傾向保守謹慎，無法期待積極的判定各種違憲狀態。III.有關一般效力說認為，只對具體個案產生效力，將使法的適用有差別。此說則認為違憲判例確定，即可對類似事件有一致的拘束力，有效救濟同樣型態的權利侵害，對人權保障產生一般性實效。另一方面，個別效力雖無法使法律無效，但亦可促使國會修法、行政機關暫停執法，在不危及權力分立的前提下，達到排除違憲法律之目的。IV.個別效力說同時也都採用一般附隨審查型，原來就是以解決個案的違憲狀態為前提，與法律是否應該無效並無關聯。

　　綜合以上兩說及其理論，有關違憲審查判決的效力問題可以分析如下：[24]

1. 憲法明文規定則無疑義

　　採用憲法法院獨立審查型，若明文規定違憲判決得宣告法律無效，當然具備其憲法依據。同時在必要時亦可只針對個別

---

[24] 參照、佐藤幸治『現代国家と司法権』（東京：有斐閣、1988 年）頁 302 以下；阪本昌成『憲法理論 I』（東京：成文堂、1994 年）頁 413-421。

事件的法律「適用」宣告其無效。採用一般法院附隨審查型，若明文規定違憲判決只針對個別事件法律的作用（含內容及適用）無效，法律之無效判定並非違憲審查權限範疇，則亦可使判決的效力明確。

2. 未違憲判決（或合憲判決）之效力

違憲審查之結果若判定不成立，即屬「未違憲判決」，本質上與違憲判決不同，其效力僅及於個別事件。因為法律不可能因一次的判定未違憲，就認定該法律絕對且永久合憲或其作用不可能再違憲。法律的作用涵蓋很多未知部分及不確定性，唯有能一再審查確認其並未違憲，法律才具備合法性、正當性。

3. 違憲審查判決的性質不同而形成不同之效力

違憲審查之判決可能是：I.針對法律、命令之「內容」判定其違憲；II.針對法律、命令之「適用」情況判定其違憲；III.針對國家權力作用（處分、執行）判定其違憲。因而判決效力並未必然導致法律、命令之無效或不適用，以下針對不同的判決性質及其產生之效力進一步分析。

    (1)   違憲判決若認定法律、命令「內容」違憲，憲法法院獨立審查型會產生一般效力，使違憲法律無效。其無效方式可以宣告立即無效、一定期間後無效、及實施之後無效。同樣是判定法律、命令內容違憲，一

般法院附隨審查型只具有個別效力，該法律、命令針對該事件無效，但法律、命令在未改廢之前仍繼續有效。

(2) 違憲判決若認定法律、命令之「適用」違憲，則與內容規定無關。此時違憲判決只認定引用法令或執行法令時，應在特定範圍內才屬「未違憲」，運用至其他部分則違憲無效。例如，集會遊行法條文規定遊行應事前申告，接受公安機關「審查」。違憲判決認定，所謂「審查」不可及於遊行目的及理由，審查應只限定在遊行路線及時間，否則會違反憲法保障集會、遊行的自由權利。如此，則違憲判決效力並不及於法令的內容（審查可否）之判斷，只是限定審查之運作應在特定範圍內才不至於違憲。因此，判決效力並不涉及該法令之無效或不得適用相同事件。

(3) 違憲判決若認定國家權力作用（處分）違憲，則與法令內容、適用無關，僅針對該國家權力作用對國民的處分方式宣告違憲無效。例如，民事裁判中有要求當事者雙方在法庭外自行和解的規定，但是因法官強制雙方「和解」，而被違憲審查判決該「作用、處分」違反憲法保障的「國民要求審判權利」而宣告無效。此時並非規定和解的法令無效，亦非和解方式不適用於該事件，而是國家權力作用（法官的強制和解

處分）違憲無效。因為和解的前提是當事者雙方同意，法官並無強制和解處分權，何況憲法又保障國民之裁判請求權，故該作用違憲無效。

最後，有關違憲判決除了具有拘束法效力性質之外，實際上亦不可忽視其所形成的各種附帶「效果」。例如，下級法院的違憲判決並非最終判斷，上訴的結果可能被推翻。然而，這些中途夭折的違憲判斷，有時形成很大的社會影響，迫使國會、行政必須面對問題，重新調整修改政策、法令，使原來有違憲可能的狀態，得以完全排除。甚至有時，違憲審查尚未判決前，在學界、輿論的壓力下政府機關已自我反省調整法令，使違憲狀態提前排除。因此，違憲審查除了判決效力之外，也有各種不容忽視的其他附帶效果。

CHAPTER 8

憲法保障

一、憲法保障之意義與保障型態

　　保障基本人權與落實國民主權，可以說是近代立憲主義理念中，最重要的兩大核心，是以各先進民主國家的憲法，都是以如何架構一個能確保人權與落實國民主權的國家權力組織與運作制度，為最大考量前提。觀之先進民主國家的憲法可知，為了防止絕對權力必然會絕對腐敗，憲法必需依據權力分立、地方自治與國民主權等原理來設計統治機構，並要求「立法民主」、「行政中立」、「司法獨立」等三權分立，相互制衡的運作原理。因為唯有如此，才能防止國家權力侵犯人權，並進而充分發揮政府保障人權的功能。因此無論是採行「總統制」或「內閣制」，儘管對於國家立法或政策決定的運作程序上有所差異，但實質上仍不能違反保障人權與落實民主的共通原理。以下闡述憲法保障最基本的理論，希望有助於對憲法保障的初步認識。

（一）三種意義的「憲法保障」

　　一般而言，「憲法保障」有下列三種不同的意義：

1.「固有意義」之憲法保障

　　顧名思義，係指「有國家即有憲法」，即是對「國家」的保障，對於國家統治體制的維護。因此只要國家存在一天，「固有意義」之憲法就一天不得消失。換言之，此種憲法保障的真正意義在於對歷史傳統的繼承。故除非國家消滅，否則固有意義的憲法將永續存在，而不論「憲法典」是否具備合法性、正當性。

　　如果將「憲法典」與「國家保障」予以結合，認為必須維持「憲法典」內容規範的固定不變，「國家」才能永遠存在，此稱之為「法統」；再將個人與「法統」互相結合，就成為過去中華民國體制下，所謂的「國大、立法委員、監察委員代表法統」，不能改選之論調。然而「憲法典」的固定與「國家必可永續存在」，兩者之間並無絕對關聯，蓋國家的存續必須依靠全體國民的共識與努力，而「憲法典」的內容如固定不得更動，則不但限制了憲法隨時代潮流的演變，且剝奪了憲法得以源源不斷注入生命力的機會，不但加速憲法內容和社會現實狀態的脫節，對於國家的發展與生存將更為不利。至於過去將未改選的國大代表與「憲法法統」結合則更不可思議，畢竟任何個人之重要性均不足以左右國家的存在，否定國民主權的原理。

2.「憲法典」之憲法保障（狹義憲法保障）

即以憲法作為國家之最高規範，一方面保障憲法的實施與運作，一方面保障其永久存續。為達成前項目的，設有違憲審查制，以防止下位法律規範的內容牴觸憲法原理而危害其最高性，因此國家機關的權力運作不得恣意的破壞憲法規範。此外，「憲法典」的修改程序應受嚴格手續限制，以防國家機關任意藉由一般立法手續加以修改，因此修憲手續必須較一般立法手續更為嚴格，以慎重保障憲法的存續與運作。

3.「立憲主義」之憲法保障（廣義的憲法保障）

即對於憲法之形式與實質意義皆加以保障。換言之，除前項（狹義憲法保障）的保障內容之外，尚涵蓋此部憲法典形成前的制定之正當性在內（如基於國民主權原理，制憲權應歸全體國民所有）。同時基於國家存在的目的，憲法保障的意義在於保障基本人權及個人尊嚴。因此憲法成立之後，其施行運作均具備合法性，如憲法解釋、判例等（即實質意義之憲法），均以基本人權及個人尊嚴為目標而運作，保障此部憲法典才屬於近代立憲主義之憲法保障。

（二）「憲法保障」之複雜性

憲法保障的重要在於防止憲法的理念與精神遭受外力侵害而影響其存在之基礎，尤其國家機關的執行不力、或違憲狀態未加以制止，均足以破壞憲法秩序，並損及國民享有之憲法權利與人權保障。

實際上，憲法保障之所以比較複雜，主要是因為憲法是規範國民與國家之間關係的法秩序，不同於一般的法規範。例如一般法律規範被侵害時，國家以公權力對違法者制裁並排除之，即可保障法秩序。但是，憲法是規範國家公權力不可侵犯人民基本權的法，當國家權力違反憲法規定侵犯人權時，事實上並無任何超越國家權力的主體或力量可以阻止之。因此在憲法體系內，必然要架構種種可以預防或阻止國家權力侵犯人權、破壞憲法秩序的制度，例如設計權力分立、違憲司法審查、國民主權原理等等。一般稱之為「憲法體系內之保障」、「制度性組織性保障」或「狹義之憲法保障」。

然而，雖然可以在憲法納入各種預防國家權力違法亂紀，破壞憲法秩序侵犯人權時的實定法保障制度，但是其前提是整個憲法規範被遵守、依循之下，才能有效保障。當這些憲法體系內的種種保障設計不能產生保障效果，或其機能已被破壞時，則唯有依賴憲法制度外的「超憲法保障」，來恢復憲法秩序。這就是一般所稱自然法層次的「抵抗權」或「緊急權」。

換言之，當人的智慧足以思考出種種預防國家權力侵犯人權或違反憲法秩序的方法時，可以將之納入憲法條文或實定法體系，使之成為憲法內的制度保障。但當所有憲法內的制度保障，無法正常運作或遭破壞，以致侵害人權時，則人民唯有依賴以「實力」發動自然法層次的抵抗權才能保障人民權益，這就是屬於超憲法的保障。

二、實定法制度之憲法保障型態

（一）社會體系保障之型態

憲法原本即為國家與人民簽訂的社會契約，其內容規定基本人權保障、政府組織權力分立原則與國民主權的基本原理，故憲法又稱之為國民的「權利保障書」。基於此，國民乃權利保障的主體，自應對憲法有所認識與了解，以確保憲法之有效運作。例如以言論、集會遊行等表現自由權之行使，充分運用憲法賦予之基本人權保障，不斷對政府的施政形成壓力，並監督其權力作為防止其違憲，以維持憲法秩序與發揮

其功能。一方面，也應加強國民的憲法教育及對人權的尊重，才能形成維護憲法的後盾。反之，如對憲法運作抱持冷漠、不關心的態度，而任由國家權力恣意的違反憲法規定，侵害憲法人權保障，國民個人權益自無所依附。因此，公民教育、公德心、正義感、使命感等社會力（形成公民社會、建立公民力量）與國民維護憲法的決心，是憲法保障的核心力量。

社會保障的另一個要素，是要求公務員需具備對憲法的尊重及擁護的義務。蓋公務員乃是執行政務，提昇全體國民福祉的服務者。因此，憲法規範內容即成為執行國政事務之最高指導原則，且其服務的對象遍及各種不同的階層、不同需求、故不得偏倚任何黨派、企業財團、或利益團體，更不可因個人私利而對國政事務的規畫運作加以扭曲或偏頗，必須謹守依法（憲法、法律）行政、行政中立的分際，作為行事執法的依據。

（二）政治制度保障之型態

所謂政治制度保障是運用制度設計的方式，規範國家權力的運作需在常軌下進行，不得偏離而恣意濫權。較為重要的制度設計有下列幾項：

1. 權力分立原則：權力分立的目的在於防止國家權力因過於集中而濫權，因此將國家權力分隔，各自對等獨立；另一方面又使其具備相互制衡、相互監督之功能以防止某一部分的國家權力獨大，這些都屬預防性的政治制度保障。

2. 公平、公正選舉制度：由國民透過選舉方式選出民意代表，掌握立法權以反映民意及實現國民主權原理的要求。民意代表係受國民嚴正的委託，參與法律的制定，所以必須屏除私利而以民意之趨向為依歸，且需短期間、定期改選，讓選民的監督對代表形成壓力，促使其兢兢業業努力以赴，維護憲法體制與人權。

3. 責任政黨制度：政黨政治早已成為一般國家內部權力運作的普遍形態，國民透過選舉對於不同政黨的黨綱及政治訴求有選擇的機會，在野黨也同時可以扮演監督執政黨的角色，並努力以獲取執政機會，故政黨若是具備誠信、負責，則政黨政治的運作及相互制衡亦可保障憲法秩序。

4. 國民投票制度：確立國家重大決策，得經由國民投票直接取代國會或其他機關作最終的決定，修憲最後須經由國民投票通過，擴大國民投票及地方居民投票的範圍及效力，使之有效制衡政黨，防止議會與行政機關的腐敗。

（三）違憲審查保障之型態

違憲審查的保障即藉由司法權的運作，由司法機關對於國家機關（行政、立法）權力行使加以審查，如認定有違憲之情況時，則得宣告其權力行使違憲，不具任何法律效果，以保障憲法的最高性。亦即任何下位的法律規範、行政命令均不得違背憲法的規範與精神，任何國民在受到違法（違背憲法）的公權力侵害時，皆可以尋求司法救濟以保障其權益。此種違憲審查因掌理法院型態的不同，可區分為以下二種：

1. 憲法法院（歐洲大陸「獨立審查機關型」：德國、奧地利等國採行此種型態），設置特殊法院賦予其專責判斷法律或命令是否違憲之權，其目的在於客觀的維持憲法秩序，屬於事前預防方式。

2. 普通法院（「一般司法法院型」附隨審查型：美、日、加拿大等國採用此種型態），即普通法院在有具體訴訟事件提出後，可針對所適用的法律條文附帶審查其是否違憲。換言之，必須有被侵害者提出具體訴訟才得以附隨的審查，故以主觀的保障人權為主，屬於一種事後救濟的方式。

以上兩種違憲審查制度並無優劣之分，端視該國家之歷史背景及採行目的而決定。

（四）修憲界限保障之型態

為維護憲法典的安定性，使其不致隨政權的轉移而頻頻更動，影響憲法保障程度，除前述各種保障方式外，嚴格規定修改憲法之程序與要件，亦為保障方式之一，以避免憲法條文被恣意修改。同時經過嚴格程序修改之憲法修改案，尚須經過全體國民投票，獲同意支持後始能生效。例如一些限制嚴格的國家甚至對修憲賦予界限，明定不得超越某些界限（通常是基本原理的部分，如權力分立、基本人權保障、國民主權等等），否則即屬制憲而非修憲，因為制憲不可由既存國家機構所主導乃當然之理，而應由憲法制定者（全體國民）另行選出制憲代表來處理。

三、超憲法保障——緊急權與抵抗權

縱然有以上各種層次之憲法保障，但保障的功能不完備，或憲法遭受侵害的事態亦有可能發生，故必須有超憲法的保障～緊急權及抵抗權。以下將就超憲法的保障型態～緊急權及抵抗權詳論之。所謂「超憲法保障」，是指正常的憲法秩序

已無法彰顯其功能情況下，唯有依賴超實定法之非常手段以回復憲法秩序。其運作型態，屬由上而下者稱之為緊急權，屬由下而上者稱之為抵抗權。兩者均屬非常之手段，因此無法事先構想，納入實體憲法規範中將其制度化。即使能將其一部分納入憲法中予以制度化，仍有可能面對無法依憲法制度有效發揮其功能的狀況，故最後亦須依賴超越憲法的自然法層次之緊急權或抵抗權才能解決。所以超實定法的緊急權與抵抗權之存在，是不可否定的自然法原理。

（一）緊急權體制與界限

1. 緊急權之概念

緊急權一般又稱之為軍事戒嚴體制或緊急命令體制，係指「由於戰爭、外患內亂等原因，國家處於危險狀態時，如仍舊依循嚴格的憲法秩序，將無法應對某種急迫狀況，此時惟有暫停平時的憲法秩序採取非常措施，以確保國民之權益。」基於以上定義，緊急權行使之原則可歸納為：

(1) 緊急權之行使僅立憲國家始有之，蓋獨裁國家因平時即處於違反立憲主義之狀態，可恣意侵害人權與破壞

憲法秩序，故無從辨別是否行使緊急權。立憲主義國家行使緊急權，必然在國家危急存亡之秋，為維護國家的安全與存續而行使之。[1]

(2) 緊急權的行使，雖暫時停止憲法秩序，但其目的在於保護立憲主義憲法，促使人權保障體系迅速恢復常態，絕非為了「維護政權的存立」或「維持社會安寧秩序」等，基於統治者、執政黨私利或空泛不實之治安目的。

(3) 緊急權的行使是為了對付來自國外的巨大威脅或內部的武力叛亂，基於保衛國家及維持憲法體制才可發動，不得惡意或濫用於對付國家內部各種反對勢力。例如，勞資爭議、人民反對政府之抗議活動等。

(4) 緊急權的發動條件、程序、授權須具有嚴格界限。其理由乃緊急權係犧牲正常憲法體制，故必須由民意代表機關衡量緊急狀態後為之。[2]

---

[1] 有關立憲主義各國緊急權制度之比較研究，參照，山下愛仁「国家緊急権の研究」『公法学研究』第 22 号（東京：駒澤大学大学院、1995 年）頁 11-39。

[2] 有關緊急權之概念、發動要件等，參照，川添利幸『憲法保障の理論』（東京：尚学社、1986 年）頁 143-147。

2. 緊急權行使之界限

緊急權的行使具高度破壞憲法秩序的危險性，故必須賦予其行使界限。

(1) 目的界限：緊急權之行使對外是維護國家獨立自主的生存，對內則是回復立憲主義的憲法保障，並保障全體國民的人權與人性尊嚴。倘若以緊急權限制全體國民權利，用以維護統治者、少數既得利益者或鞏固政權，則不能行使緊急權。

(2) 時間的界限：緊急權之行使必須是暫時性的應對手段，無限期或長時間的緊急權行使，即形同毀棄、破壞憲法。故僅能短暫為之，以對應突發的緊急事態作為界限。

(3) 發動條件的界限：緊急權的發動，必須屬於正常憲法秩序下，無法處理的明顯急迫危機。亦即，倘若不以緊急權行使方式加以處理，則立憲主義保障的民主體制即會崩壞。若非上述狀況，仍須依照一般憲法體制運作處理。

(4) 手續、內容的界限：緊急權的發動，無論事前或事後均須接受民意機關的監督，同時對於非法發動者或逾越必要範圍程度的發動者，應有追究責任及處罰的制度。

面臨國家危急存亡、立憲主義體制即將崩毀之際，緊急權的行使雖屬必要之最後手段，惟其係賦予國家機關得以集中擴大行使其「權力」且限制人權，所以被濫用或惡用的可能性，亦相對隨之提高。基於此，各國無不希望明文將其納入憲法規範內，以防止因為沒有具體法規範限制，而使統治權力藉此恣意擴張濫權，使緊急權之行使，假借回復正常憲法秩序目的為名，而行破壞正常憲法秩序之實。

3. 緊急權的制度化

　　有關各國緊急權制度化的內容為：

(1)　以憲法、法律明確規範緊急權發動目的、發動條件及行使範圍等。

(2)　緊急權發動與否之決定權，應由代表國民的民意機關（議會）擁有，而不應委由行政機關主觀判斷。雖得由行政權率先發動，但事後需送交議會議決，如議會不予與通過，則緊急權的發動無效，應立即終止。

(3)　緊急權之效力須以必要且最小限度為其界限。例如，僅只是區域性緊急狀態，則應僅就該區域發布緊急權而無須擴及全國。此外，在緊急權行使時間的限制上，法國規定在緊急權發動的同時，就必須宣告緊急權結束的時間。英國則是明文規定以一個月為限，超過一個月則緊急權之行使自然歸於無效，倘若緊急

狀態仍屬持續中，則必須重新獲得議會同意，此時緊急權的重新發動則可視為新的緊急權行使。

(4) 確立責任追究制度。在緊急狀態結束後，對於緊急權發動之決定及發動期間內是否有濫權之情事，都必須由議會及司法機關監督、究責。

(5) 由於緊急權發動條件之一是，國家處於必要且急迫的危機狀態下。因此，原則上在發動期間不可能行使「經常性、永久性」權力（例如，制定或修改法律）。[3]

4. 緊急權存在是否必要

雖然，緊急權乃是在立憲主義體制憲法即將崩毀之際，為回復正常立憲主義體制的一種保障憲法的非常手段。但由歷史演進過程觀之，緊急權的發動絕大部分並非基於前述原因，導致緊急權的發動，反成為破壞憲法秩序的結果。[4]故，觀諸上述種種對於緊急權發動，給予界限或盡可能納入實定法（無論是憲法或法律）中予以規範之作法，現代民主國家對內無不竭力對緊急權的發動行使，予以最嚴格之限制，對外則是遵守國際法，與其他國家發展良好且長遠合作互惠之外交關係，

---

[3] 參照，和田英夫「緊急權と抵抗權」、江橋 崇（等編）『現代法と國家（現代法 2）』（東京：岩波書店、1972 年）頁 132-133。

[4] 小林直樹『憲法講義（下）』（東京：東京大学出版会、1986 年）頁 586-587。

儘量避免出現必須動用緊急權之狀態。縱然許多民主國家的憲法及法律中仍存有緊急權之規定，但都僅是備而不用，久而久之甚至有將其刪除之議，不希望有任何可能發動緊急權的制度存在。

以日本為例，基於二次世界大戰軍國主義的慘痛教訓，不僅制定一部和平憲法明文規定永久放棄戰爭，並且沒有任何關於緊急權發動之規定。雖在警察法及災害對策基本法和自衛隊法中，規定有關於內亂、自然災害及戰爭時的對策。但前揭法律規定，不能與憲法規範牴觸，故即令日本面臨危急狀態，也僅能依前述法規範而做出緊急處份，不能有限制基本人權及違反權力分立的緊急體制出現。由此可知，萬一有全面性大規模緊急權的發動，則表示日本國民是行使「自然法」層次的緊急權（超實定法的權力），保衛得來不易且彌足珍貴的立憲主義憲法體制，也就是體認到緊急權發動的「正當性」，本質上更甚於其「合法性」。

回想臺灣舉世聞名的四十年戒嚴體制，雖名之為「戒嚴」（緊急權之行使），但國民依然每天正常上學、上班、生活，甚至出國旅遊，舉辦慶典活動。若以前述各種對緊急權發動、行使的限制加以對照思考，應可了解過去這四十年的「戒嚴」體制根本不具備正當性，且對臺灣民主、人權帶來如何深遠的危害。事後也完全未針對濫權者追究責任，或是檢討防止再度濫用緊急權。如今「戒嚴」雖已解除，但當臺灣面臨憲政改革

之際，對於「緊急權」之規定或是其存廢與否，都是一個值得臺灣人民深入思考的嚴肅課題。目前，中華民國憲法增修條文第二條，將原來憲法第四十三條的緊急命令幾乎完全列入，這就是延續過去的戒嚴令或緊急體制。但一般卻誤以為緊急命令的發布與戒嚴體制不同（例如，九二一集集地震後所發布的緊急命令）。事實上，只要「命令」可超越憲法或法律，就是一種戒嚴、緊急體制，亦即「緊急權體制」與其名稱為何無關。「緊急命令」的本質與特徵在於「緊急」兩字，已使緊急命令優先於憲法或法律的效力，所以就是一種戒嚴體制。絕不可能因為有「命令」兩字的文言，而誤以為緊急命令不會阻擾法律體制或破壞憲法體制，與過去的「戒嚴令」不同。事實上，只要統治階級為鞏固政權，遭濫用或惡用的可能性仍然存在。

（二）抵抗之權利與義務

1. 抵抗權之概念

　　前已述及，當正常的憲法制度內保障已完全失去作用，則僅有依賴超憲法保障的方式，始足以回復已遭破壞的憲法秩

序，此即緊急權和抵抗權。其中，緊急權發動與行使的種種限制，可以理解緊急權雖負有重建憲法秩序之神聖目的，但為防止其流於統治權力的濫用而必須謹慎為之。相同的，以下所將探討的抵抗權，兩者在許多理念與精神上是相通的，例如皆無法（或難以）完全納入實定法予以制度化規範，仍需保留「超實定法層次」的手段來達到保障憲法體制的部分。抵抗權的行使亦如同「緊急權」般，具有超法規本質，然而由於抵抗權乃是國民全體為回復憲法秩序所不得不採取的最後手段，故與緊急權相較下，更具有其必要性與正當性。

　　所謂「抵抗權」乃指憲法秩序已遭破壞，致喪失其得以自主運作的功能，民主制度早已名存實亡，國家權力已由少數統治階級所控制，國民的基本人權被侵害到已經蕩然無存時，所有的國民都有權利及「義務」以抵抗權對抗統治階級。換言之，國民為了維護憲法秩序，應該擁有使用實定法所未承認的方式，以「實力」來抵抗的權利。一七八九年法國人權宣言第二條指出：「任何政治結合的目的都在於保障人的自然的和不可動搖的基本權。這些權利就是自由、財產、安全和抵抗暴政之壓迫」。法國第一共和 1793 年憲法中，人權宣言的33-35 條，更明白指出以下抵抗權理論：「對壓迫之抵抗是維護人權之必然結果」；「社會上有任何一個人遭受壓迫，就是對整體社會的壓迫，也就是對所有人的壓迫」；「當政府侵害人民權利，別無其他方法可阻止時，抵抗是人民及各種力量

最神聖不可欠缺的權利及『義務』」。[5]這些內容都明白表示每一個人為維護人性尊嚴，應該有權抵抗國家權力的壓迫，此為自然法之權利。[6]

然而，正如緊急權有著實定法與自然法兩種不同層次般，抵抗權亦可區分為實定法說及超實定法說，兩種理論：

(1) **實定法說：**憲法乃國家與國民所簽訂之社會契約，故不但國家權力之運作必須遵守憲法所規定的權力分立原則，甚至是國民為了能夠持續享有憲法所保障的基本人權，亦必須對憲法負擔忠誠維護的義務。此義務之真義在於，抵抗國家權力違反憲法的支配行為，拒絕服從惡法與不當命令。最具代表性的便是一九六八年修正之西德波昂基本法第二十條第四項規定，「任何德國人，對於企圖排除（憲法）秩序者，擁有抵抗之權利，但以無其他補救情況者為限」。[7]

---

[5] Article 33 Resistance to oppression is the consequence of the other rights of man. Article 34 There is oppression against the social body when a single one of its members is oppressed: there is oppression against each member when the social body is oppressed.

Article 35 When the government violates the rights of the people, insurrection is for the people and for each portion of the people the most sacred of rights and the most indispensable of duties.

[6] 有關理念之詳細論述，參照，樋口陽一「抵抗權」、清宮四郎等編『憲法演習（1）』（東京：有斐閣、1980 年）頁 226-234。

[7] 有關德國抵抗權思想、理論及判例，參照，橋本公亘『基本的人權』（東京：有斐閣、1975 年）頁 31-56；70-73。

(2) 超實定法說（自然法說）：從歷史發展過程觀之，抵抗權的行使往往是在對抗當時的不義政權、體制，拒絕服從當時實定法秩序所要求的法律義務規範。事實上，傳統抵抗權概念是以自然法為其依據，不受任何實定法規範所拘束。例如，法國人權宣言中有關「對暴政之抵抗」，即是指超實定法層次的抵抗權。日本戰後有關抵抗權理論，也是依超實定法說，其中論點以日美安保條約鬥爭時期最受矚目。[8]

因此「超實定法說」的抵抗權，無論從歷史發展或法理念觀之，均有堅強的理論基礎，主要依據有以下二項：

(1) 抵抗權之行使是對突破實定法的行為賦予其正當性，因此如將此本應屬不受任何法規範拘束的行為，納入實定法中加以規範，豈不自相矛盾。故，在憲法條文中規定抵抗權的行使條件，其行使是否正當，須再交由法院或任何既存統治機構進行判斷，皆屬論理上的矛盾與錯誤。因為依法而採取之行動，是一般合法的行使「權利」，抵抗不應該是被認可、賦予的權利，若是「被允許的抵抗即非抵抗」。

(2) 抵抗乃是因實定法與自然法，以及法與道德兩者間「義務衝突」所產生之對應方式。因此抵抗不屬法之

8　參照，天野和夫「戰後日本における順法と抵抗の思想」，井上茂 編『現代法の思想（現代法 13）』（東京：岩波書店、1972 年）頁 237-258。

範疇，而是個人面臨法與道德，此二種行為規範彼此相互矛盾時，應如何取捨的內心交戰與信念。因此，個人乃盡全力改變現狀，使道德與法規範的要求再度趨於一致，此即抵抗權行使的原意。換言之，抵抗權是不可能被完全制度化，即使一部份制度化的抵抗權可以納入憲法規範，則其所行使者乃是憲法所保障的權利，即「合法」正當行使的權利。然而，抵抗權正是因為，依賴憲法制度化的各種機能與權利之行使，仍無法保障憲法秩序順利運作時，所必須使用的最終手段，故兩者之間不宜劃上等號。

因此，即令波昂基本法將抵抗權概念納入實定法規定中，但何時行使、如何行使仍屬超憲法的層次，實無法預先在憲法中明確規定。同時任何實定法秩序不論如何周詳規定均無法盡善盡美，任何目前可以被接受的主義、思想亦非永恆的真理，各種憲法保障制度也不可能永無缺失與障礙。所以抵抗權是人類社會所必然存在的自然現象，即使有部分抵抗權可以轉化為實定法的一部分，仍無法涵蓋所有的抵抗權，超實定法的抵抗權將永遠存在，不因其長期不使用或不須使用而消弭之。

2. 抵抗權與革命之差異

過去或許有人將「抵抗權」與「革命」兩者相提並論，認為此二者係屬同一個概念（都是未遵循現有法秩序），其實不

然。抵抗權不論從本質、形成及目標來看都與革命不同。[9]首先，在本質上，抵抗權是國民全面參與的自救運動，不同於革命只是侷限於一部分有政治企圖的少數人或集團。其次，抵抗權有其階段性形成過程，是可以經由各階段達成目的，並非如革命必然自始即是採取主動攻擊手段。最重要的是，革命並無明確的憲法理念配合，但是抵抗權則是以確立立憲主義之憲法秩序，以保障人權為其最終目標。故不可能如同革命一樣，可能是換來另一個侵害憲法秩序的獨裁政權。因此在國民主權原理之下，抵抗權是不可否認的國民權利，有其存在才具有民主制度及人權繼續獲得完整保障的明確基礎。

3. 抵抗權的階段性發展

抵抗權之行使，因其性質及演變有其階段性的發展本質，以下分別論述之：

(1) 消極性抵抗權： 人民被動地不願意服從現存的憲法秩序及政治體制，例如逃稅、不關心政治（不投票或不願談論政治）、移民外國等等。由上述行為加以觀察，可知消極地不服從多為個人之行為，不具組織性，且通常對於其後果所可能附加之處罰追究，並沒有承擔

9　參照，川添利幸，前揭注 2 書，頁 132-133。

責任的認知。「戒嚴」體制下的臺灣，避談政治移民外國，就是屬於此一階段。

(2) 防衛性抵抗權：此階段之抵抗行為已不僅是不服從，甚至還主動宣揚抵抗理念，結合意見相同的同志擴充抵抗實力。換言之，是對社會正義、公平等價值觀、誠信、義務等個人理念的再啟蒙運動，又因為尋求支持者的結合，故較具整體性。[10]美麗島事件之後的臺灣，體制外組織與反體制運動興起，就是屬於此一階段。

(3) 積極性抵抗權：並非只是單純不服從，而是具體提出改革現行體制之內容與目標，並與掌握權力者實際「對抗」，具有接受處罰承擔責任，為理想犧牲之覺悟，不因受威脅而退縮。此時行使抵抗權者不僅不再遵守惡法，甚至認為惟有挑戰惡法才足以顯示其理念主張的「正當性」，已將違反惡法視為公義之表徵。此時期之特色為公開性、持續性及組織性的抵抗。解嚴之後的臺灣，只是屬於此一階段之起點。目前臺灣人對於正確理念主張的理解尚未成熟，對於不具備正當性、合法性的中華民國憲法體制，對於各種政治、

---

[10] 參照，小林直樹「抵抗權再考」、国家学会編『国家と市民（第一卷）』（東京：有斐閣、1987年）頁 39-41。

社會不公不義的制度，並未顯示出挑戰的毅力與具體改革建立新體制之決心。

(4)　攻擊性抵抗權：此階段乃是人民主動以實力攻擊掌握權力者，具武力、暴力性攻擊為其特色，又稱之為「集團性抵抗權」，已是一種形同反亂權、革命權的層次，不惜以破壞攻擊手段重建憲法秩序。一七九三年法國人權宣言第三十五條：「當政府侵害人民權利，別無其他任何方法可阻止時，站起來抵抗反亂是人民及各種力量，最神聖不可欠缺的權利及『義務』」，最能充分說明攻擊性抵抗權的意義。

由於抵抗權的行使有其階段性，在任何一個階段，若掌握國家權力者感受到此種警訊，皆有機會可能完成體制內改革，恢復正常憲法秩序。反之，若掌權者仍舊一貫以巨大的國家權力予以濫權鎮壓，甚至有更形變本加厲之勢，則無異對人民之抵抗權的行使更予以激發，加速其邁向最後階段攻擊性抵抗權的前進腳步。然而即令進入最後階段的抵抗權，本質上也和革命及暴力不同，蓋後者係以殘酷、不擇手段方法打擊對手，最後並不必然建立憲法秩序，但是抵抗權的行使則是以保障人權、恢復憲法秩序為目標，是人類改革進步必經的過程。

4. 抵抗權存在之必要性

其實從整個人類歷史的演進過程觀之，凡憲法上所保障的基本人權，無一不是因行使抵抗權爭取而來。從而落實於憲法規定內，使其保障能夠及於後代，不須要重複抵抗，使人人得享有具有人性尊嚴的生活，此乃為抵抗的最終之目的。不過，這並不表示抵抗權達到目的即可揚棄不用，因為在承認國民主權原理之下，否認抵抗權的存在是不可行且矛盾的。抵抗權具有全民參與的本質，及崇高的目標，抵抗手段也是由和平理性為出發點，逐漸的對破壞憲法秩序，侵犯人權的掌權者施加壓力。因此維持抵抗權的存在是保障民主制度，使人權保障體系更充實的重要基礎。希望能夠盡量不使用抵抗權，但絕對不能否定抵抗權存在的必要性。

早在三、四十年前，臺灣社會就已顯現第一階段消極性抵抗權的徵兆，例如逃稅、不關心政治、移民，甚至延續至今。自從美麗島事件之後，即已邁入第二階段防衛性抵抗權的行使，抵抗運動形成組織化。但掌握臺灣政治權力的政黨、統治階級，至今並未意識到此一情勢，著手改革憲政體制。因此臺灣近來大規模的示威抗議運動越來越多，長期持續地針對特殊議題進行頑強抵抗，甚至佔領政府機關，演變成流血衝突的不幸事件頻頻發生，一般的臺灣民眾又豈能以事不關己的冷漠態度來看待。事實上九零年代半吊子的改革，只針對部分個案

處理，放棄建立新憲法體制與形成轉型公平正義，結果證明只是留下今日年輕世代必須再犧牲抵抗的現狀。畢竟在臺灣經歷了第一、二階段的抵抗權行使，再下來將是進入到第三、第四階段積極性、攻擊性抵抗權階段，社會必然有巨大動亂及破壞，才能重建新憲法秩序。因此若不願意見到此結果，所有臺灣人應該全民積極參與，使抵抗與改革能提前短時間完成，為下一代建立民主法治的新憲法體制。

Do觀點25　PF0161

憲法之基本原理

作　　者／許慶雄
責任編輯／鄭伊庭
圖文排版／楊家齊
封面設計／楊廣榕

出版策劃／獨立作家
發 行 人／宋政坤
法律顧問／毛國樑　律師
製作發行／秀威資訊科技股份有限公司
　　　　　地址：114 台北市內湖區瑞光路76巷65號1樓
　　　　　電話：+886-2-2796-3638　傳真：+886-2-2796-1377
　　　　　服務信箱：service@showwe.com.tw
展售門市／國家書店【松江門市】
　　　　　地址：104 台北市中山區松江路209號1樓
　　　　　電話：+886-2-2518-0207　傳真：+886-2-2518-0778
網路訂購／秀威網路書店：https://store.showwe.tw
　　　　　國家網路書店：https://www.govbooks.com.tw

出版日期／2015年4月　BOD一版　定價／240元

|獨立|作家|
Independent Author

寫自己的故事，唱自己的歌

憲法之基本原理 / 許慶雄著. -- 一版. -- 臺北市：獨立作
家, 2015.04
　　面；　公分. -- (Do觀點；PF0161)
BOD版
ISBN 978-986-5729-73-8 (平裝)

1. 憲法

581.01　　　　　　　　　　　　　　104004501

國家圖書館出版品預行編目

讀 者 回 函 卡

感謝您購買本書，為提升服務品質，請填妥以下資料，將讀者回函卡直接寄
回或傳真本公司，收到您的寶貴意見後，我們會收藏記錄及檢討，謝謝！
如您需要了解本公司最新出版書目、購書優惠或企劃活動，歡迎您上網查詢
或下載相關資料：http:// www.showwe.com.tw

您購買的書名：＿＿＿＿＿＿＿＿＿＿＿＿＿＿＿＿＿＿＿＿＿＿

出生日期：＿＿＿＿＿年＿＿＿＿＿月＿＿＿＿＿日

學歷：□高中 (含) 以下　　□大專　　□研究所 (含) 以上

職業：□製造業　□金融業　□資訊業　□軍警　□傳播業　□自由業
　　　□服務業　□公務員　□教職　　□學生　□家管　　□其它＿＿＿

購書地點：□網路書店　□實體書店　□書展　□郵購　□贈閱　□其他

您從何得知本書的消息？

　□網路書店　□實體書店　□網路搜尋　□電子報　□書訊　□雜誌

　□傳播媒體　□親友推薦　□網站推薦　□部落格　□其他＿＿＿＿＿＿

您對本書的評價：(請填代號　1.非常滿意　2.滿意　3.尚可　4.再改進)

　封面設計＿＿＿　版面編排＿＿＿　內容＿＿＿　文／譯筆＿＿＿　價格＿＿＿

讀完書後您覺得：

　□很有收穫　□有收穫　□收穫不多　□沒收穫

對我們的建議：＿＿＿＿＿＿＿＿＿＿＿＿＿＿＿＿＿＿＿＿＿＿

＿＿＿＿＿＿＿＿＿＿＿＿＿＿＿＿＿＿＿＿＿＿＿＿＿＿＿＿＿

＿＿＿＿＿＿＿＿＿＿＿＿＿＿＿＿＿＿＿＿＿＿＿＿＿＿＿＿＿

＿＿＿＿＿＿＿＿＿＿＿＿＿＿＿＿＿＿＿＿＿＿＿＿＿＿＿＿＿

11466
台北市內湖區瑞光路 76 巷 65 號 1 樓

獨立作家讀者服務部　　　　收

....

（請沿線對折寄回，謝謝！）

姓　　名：_____　年齡：_____　性別：□女　□男

郵遞區號：□□□□□

地　　址：_____

聯絡電話：(日) _____　(夜) _____

E-mail：_____